KB125952

대치동
아이들은
이렇게
공부합니다

대치동 아이들은 이렇게 공부합니다

글로리아쌤 지음

4세부터 SKY로 직행하는 초등 공부 최강의 전략

웅진 지식하우스

제대로 된 전략이
빠른 시작을 이깁니다

세상에서 가장 어려운 일을 꼽으라면 아이를 키우는 일, 그 중에서도 '자녀 교육'이 아닐까 합니다. 특히 요즘은 사교육을 시작하는 연령이 점점 낮아지고 대입 제도는 더욱 복잡해지다 보니 부모님들의 걱정과 두려움도 한 가득입니다. 아이가 한 살 한 살 먹어갈 때마다 교육 관련 정보는 쏟아지는데, 어떤 것이 정말 필요한지 판단하기 어려울 때도 많지요. 이름난 학원 설명회도 다녀보고 다른 엄마들의 이야기도 들으며 '이제 좀 알겠다' 싶으면 학년이 바뀌면서 무용지물이 됩니다. 주변을 둘러보면 다른 부모들은 열심히 달려

가고 있는 것 같은데 내가 무엇을 잘못하고 있는 건 아닐까 조바심이 나기도 합니다.

대한민국 사교육 일번가라 불리는 대치동에서 22년간 수십만 명의 학생을 가르쳐온 저도 예외는 아니었습니다. 감사하게도 오랜 기간 '일타 강사'로 불리며 쌓아올린 경험과 노하우에, 대치동에 있으면서 보고 들은 것이 많았습니다. 여차하면 조언을 건네줄 든든한 선배와 동료가 많았기에 제 아이의 교육과 입시에 있어 이보다 더 유리한 위치일 수 없다고 자부했지요. 어떤 상황이 닥쳐도 절대 흔들리지 않을 자신이 있었습니다.

그러나 아이를 직접 키워보니 그 다짐이 무색해질 정도로 아이 교육은 고민과 불확실의 연속이었습니다. 저 역시 여느 엄마들과 다름없이 유명하다고 입소문 난 학원을 찾아 레벨 테스트에 일희일비하고, 남들 하는 것만큼은 해야 한다며 전전긍긍했지요.

이런 시간을 겪으며 강의실에서 학생들을 바라보는 관점이 달라졌습니다. 이전에는 '나를 믿고 배우러 온 아이들이 입시에서 좋은 결과를 얻을 수 있게 열심히 가르쳐야겠다'라고만 생각했는데, 학부모가 되고 나서는 '저렇게 학습 태도가 좋은 아이, 명문대에 무난히 합격하는 아이들은 어릴 적부터 무엇을 어떻게 공부해온 걸까?'라는 호기심이 생겼습니다. 그때부터 만나는 학생 한 명 한 명을 지켜보며 데이터를 수집하기 시작했지요.

이 책은 그간 제가 만났던 수많은 학생들의 데이터를 정리한 결과물입니다. 실력 있는 아이들이 많은 대치동에서도 최상위권 학생들을 가르치며 깨달은 것들, 입시를 성공적으로 치른 제자들이 공통적으로 강조한 것 등을 엮어 '초등 시기부터 꼭 필요한 것만 제대로 해내며 명문대로 향하는 전략'을 담았습니다. 단순히 학군지에서 공부 잘하는 아이들의 노하우를 공유하는 것이 아닌, 입시 출발선이 점점 낮아지는 현실에서 어릴 적부터 반드시 준비해야 할 것과 필요 없는 것을 솔직하게 조언하고자 했습니다. 이르면 미취학 시기부터 초등학교 6년, 그리고 중학교 3년에 이르기까지 과목·시기별로 무엇을 어떻게 학습하면 좋을지 가늠하실 수 있을 겁니다. 이와 함께 지금 대치동 아이들의 학습 분위기를 생생하게 전달해 대치동에 오지 않고도 최신 트렌드를 참고할 수 있도록 했습니다.

그간 일타 강사로서 학생들을 가르치며 깨달은 사실, 그리고 이 책을 통해 강조하고 싶은 것은 하나입니다. 최상위권 자리에 오른 아이들의 면면을 살펴보니, 남보다 출발이 빨랐던 아이보다는 '적절한 시기에 기본기를 제대로 갖춘' 경우가 대다수였다는 사실입니다. 입시는 초 1부터 고 3까지 최소 12년간 뛰는 장거리 마라톤입니다. 마라톤에서 잠시 앞지르고 뒤처지는 것은 그리 중요하지 않습니다. 그보다는 필요할 때 전력 질주할 수 있도록 쓸데없는 데 힘 빼지 않고 기초 체력을 튼튼히 다지는 것이 핵심입니다. 바로 초등 시기에 가장 필요한 공부 전략이지요. 이것만 확실히 알고 실천한다면 아이는 아이대로 억지로 공부하다가 부모와 감정의 골만 깊어지고, 부모는 부모대로 돈 낭비하는 안타까운 상황은 겪지 않을 겁니다.

한 가지 말씀드릴 것은 제가 주로 가르치는 아이들은 입시의 정점인 고등학생 중에서도 최상위권에 속하는 학생들이기에, 초등 학부모님이라면 '이렇게까지 해야 한다고?'라는 생각을 하실 수도 있습니다. 제 표현 역시 경우에 따라서는 꽤 직설적으로 비칠 수도 있고요. 모든 아이가 이런 것도 아니고 이렇게 해야만 입시에서 좋은 결과를 얻는다는 이야기는 절대 아닙니다. 아이마다 성향이 다르고 재능이 다른데 정답이 어디 있겠습니까. 그저 이 책이 담고 있는 초등 공부의 본질과 전략, 그리고 상세한 로드맵을 최대한 활용해 '내 아이에게 맞는, 내 아이를 위한' 길을 찾아가시길 바랄 뿐입니다.

부디 이 책이 아이의 성적과 입시 때문에 전전긍긍하거나 자책하는 엄마들로 하여금 이상이 아닌 현실을 직시하고, 자신만의 속도를 찾는 데 도움이 되길 진심으로 바랍니다. 행운을 빕니다.

2024년 가을,
대치동에서 글로리아쌤

9장 부모와의 관계를 보면 아이가 갈 대학이 보입니다

우리가 궁금한
대치동이라는 세계

우리는 왜 대치동에
가고 싶을까

대치동. 교육에 관심이 없는 사람이라도 한 번쯤은 들어봤을, 대한민국 사교육의 중심지입니다. 자녀 교육에 관심이 많은 부모라면 더더욱 호기심을 갖고 지켜보는 동네지요. 각종 온라인 커뮤니티와 뉴스에 자주 오르내리기도 하고, 최근에는 드라마의 주요 배경으로 등장하는 등 대치동에 대한 관심은 날이 갈수록 높아지고 있습니다.

그렇다면 대치동은 어떤 곳일까요? 매체에서 다루는 것처럼 전국에서 학원이 가장 많은 곳, 교육열이 뜨거운 곳, 그뿐일까요? 오랜 시간 대치동에서 강의하며 '직접 보고 느긴 대치동'은 어떤 곳인지 진솔하게 이야기하려 합니다.

KTX 타고 학원 오는 아이들

토요일 오전 8시 30분이 조금 넘은 시간이었던 것으로 기억합니다. 학원에 도착했을 때 엘리베이터 안에서 제 수업을 듣는 여학생을 만났습니다. 평소 맨 앞자리에 앉아 눈에 띌 만큼 열심히 수업을 듣는 모습이 인상 깊었던 아이인지라 반가운 마음에 인사를 건넸지요.

"선생님, 안녕하세요!"

주말 아침이라 피곤할 법도 한데 아이는 피곤한 기색 하나 없이 밝게 인사했습니다. 아무리 대치동이라지만 아침 일찍 학원에 오는 아이들은 많지 않습니다. 엄마가 깨워서 아침밥도 거른 채 수업 시작 10분 전에 간신히 도착하는 아이들이 대부분입니다. 전날 밤늦게까지 공부하다가 일어난 지 얼마 안 되어 비몽사몽한 상태에서 수업을 들으려니 꾸벅꾸벅 조는 학생들도 많습니다. 그런데 그 아이는 이른 시간에도 똘망똘망한 모습이었습니다.

"일찍 왔네? 수업은 9시 30분부터 시작인데, 너무 일찍 온 거 아니야?"

평소에도 이 시간에 학원에 오는지 물어보니, 상상도 하지 못한 답이 돌아왔습니다.

"아, 저는 울산에서 기차 타고 와서 늘 이 시간쯤 학원에 도착해요."

잠깐이었지만 저는 머리를 망치로 맞은 듯한 기분이 들었습니다. '내 수업을 듣기 위해 새벽부터 일어나 준비하고 멀리서 오는 학생이 있구나' 하는 마음에 저 스스로를 돌아보게 되었지요. 감동적인 마음이 드는 것과 동시에 '내가 어떻게 하면 이 학생에게 보답할 수 있을까'라는 생각이 들면서 왠지 비장해졌습니다. 그날 저는 온몸의 에너지란 에너지는 다 끌어올려 수업을 했습니다. 멀리 울산에서 달려온 그 학생에게 최고의 만족감을 주고 싶었기 때문입니다.

대치동에서 오랜 시간 학생들을 가르치면서 다른 동네에 거주하는 아이들도 수업을 들으러 온다는 건 알았지만, 기차를 타고 그토록 먼 지역에서 올 거라고는 상상도 하지 못했습니다. 그 일을 계기로 종종 수업 시간에 학생들에게 어느 지역에서 왔는지 물어보곤 했습니다. 주중반에는 목동, 분당 등 1시간 정도 거리에서 오는 아이들이 있었고, 주말반에는 부산, 울산, 대구, 천안 등지에서 오는 아이들도 꽤 있었습니다. 방학 기간에는 아예 서울에 두 달간 단기 숙소를 잡고 특강을 듣는다는 아이도 적지 않았지요.

가깝게는 잠실, 개포, 압구정, 분당, 목동부터 멀리는 울산, 부산, 대구, 천안에서까지 대치동을 찾아오는 학생들이 비단 제 수업에만 존재하는 것은 아닐 겁니다. 학년이 올라갈수록, 수능이 가까워질수록 대치동 학원가를 찾는 학생들은 상상 이상으로 많고 다양합니다. 이처럼 전국에서 오직 '공부'라는 키워드로 모이는 곳이 바로 대치동입니다.

'수준의 선순환'이 일어나는 대치동

대치동이 우리나라에서 사교육 중심지로 자리 잡은 이유는 무엇일까요? 저는 크게 두 가지를 꼽습니다. 첫째는 훌륭한 강사에게 배울 수 있기 때문입니다. 같은 과목, 같은 내용을 가르치는 수업이라 하더라도 누구에게 어떻게 배우느냐에 따라 효과는 천차만별입니다. 어떻게 하면 학생들이 더 쉽게 이해할지, 더 효과적으로 공부하게 할지 고민하는 것은 오로지 강사의 몫이죠. 대치동에는 등록된 학원만 1,600여 곳에 달합니다. 경쟁이 치열하니 제대로 가르치고, 전달력이 좋고, 본인만의 교재를 만들 수 있는 강사만 살아남습니다. 이렇게 검증된 선택지 중 내 아이에게 딱 맞는 학원과 강사를 찾기가 수월하다는 장점이 있습니다.

두 번째 이유는 아이 본인에게 굉장한 동기부여가 된다는 사실입니다. 대치동 인근에는 일반고인 경기고, 단대부고, 중산고, 영동고, 경기여고, 은광여고, 숙명여고, 진선여고, 개포고, 중대부고를 비롯해 자사고인 중동고, 휘문고, 현대고 등 전국에서 학업 성취도가 높은 학교들이 포진해 있습니다. 그러다 보니 이 학교 근처에 있는 학원들 역시 어려운 시험에 대비해 최선을 다해 가르칠 수밖에 없는 '수준의 선순환'이 일어나는 겁니다.

앞서 말한 울산에서 왔다는 학생에게 이렇게 물어봤습니다.

"일분일초가 아까운데 시간과 돈을 쓰면서 대치동까지 오는 건 아깝지 않아? 그 동네에도 좋은 선생님들이 계실 텐데, 부모님이 대치동까지 가라고 하시니?"

"아뇨, 제가 먼저 오고 싶다고 했어요. 여기 오면 자극이 되거든요."

무슨 말인가 싶었는데, 아이가 생긋 웃으며 다시 이렇게 이야기했습니다.

"저도 저희 동네에서는 공부 잘하기로 유명했고, 이보다 더 열심히 할 수는 없겠다 싶을 만큼 최선을 다하고 있다고 생각했어요. 그런데 대치동에 오니 그 정도는 아무것도 아니었다는 사실을 깨닫게 되었어요. 저는 시험 보기 전에 모든 범위를 빠짐없이 세 번 보는 정도로 공부했는데, 대치동에 와보니까 여기서 전교 1등 하는 친구는 7~8회독, 심지어 10회독까지 하더라고요. 누가 봐도 머리 좋고 똑똑한 친구라 한두 번 보면 다 외울 것 같은데도 그렇게까지 빈틈없이 공부한다는 사실이 너무 큰 충격이었어요. 정신이 번쩍 들더라고요."

제가 오랜 시간 학생들을 지켜보니, 부모님이나 선생님이 하는 이야기는 귓등으로도 듣지 않던 아이들도 자신보다 잘하는 친구가 어느 정도 열심히 공부하는지 직접 목격하면 달라집니다. '이 정도면 나도 열심히 하는 거잖아?' 하고 의기양양하던 아이들도 대치동에 오면 본인이 우물 안

개구리였음을 절실히 깨닫습니다.

　그래서일까요? 멀리서 온 학생들은 제 수업이 끝날 때마다 치르는 테스트에서 늘 100점에 가까운 점수를 받습니다. 길에서 보내는 시간이 아까워 어떻게든 자투리 시간을 활용해 복습하거나 단어를 외우는 덕분입니다. 이런 마음가짐을 지닌 학생들이 있어 대치동에서는 '수준의 선순환'이 일어날 수밖에 없는 것 같습니다.

　현재 대학 입시에서 가장 중요한 서류 평가 항목이 바로 학교생활기록부입니다. 서울대 의대에 진학한 제자에게 "학생부에 어떤 내용을 담으면 유리한지 한 문장으로 말하면 뭘 것 같아?" 하고 물은 적이 있었습니다. 훌륭한 제자인 만큼 후배들에게도 도움이 되었으면 하는 마음에서였습니다.

　그런데 돌아온 대답을 지금까지도 잊을 수 없습니다.

　"공부에 대한 사랑 아닐까요? 세상을 알아가고 원리를 이해하려는 열정이 드러나면 되는 것 같아요."

　제 예상과는 180도 다른 철학적인 대답에 사뭇 놀랐습니다. 고등학교 3년간 학교에서 배운 내용이나 치른 모든 시험을 입시 도구로 대한 것이 아니라, 진정성 있는 탐구와 배움으로 여겼다는 제자의 말에 '정말 이 아이는 다르구나'

라는 생각이 다시금 들었습니다.

저는 이 제자가 서울대 의대에 진학할 만큼 공부를 잘했기 때문에, 단지 모범생이라서 이런 대답을 했다고 생각하지 않습니다. 대치동에는 이처럼 배움 자체를 진지하게 생각하는 아이들, 자신의 한계에 다다를 때까지 탐구하고 싶은 지적 욕구로 공부하는 아이들이 많습니다. 배움을 사랑하고 멋진 태도로 살아가는 친구를 바로 옆에서 직접 보고 느끼는 것은 분명 삶에 큰 자극과 본보기가 됩니다. 초등학교 진학을 앞두고 대치동으로 이사를 오거나 바쁜 중고등학생들이 방학 동안 멀리서 귀한 시간을 들여 찾아오는 이유는 결국 이것을 경험할 수 있어서가 아닐까요?

반드시 대치동이
아니어도 좋습니다

대치동 아이들의 첫 시험 '4세 고시'

여기서 잠깐 대치동의 요즘 사교육 트렌드를 이야기해볼까 합니다. 대치동에서는 우리 나이로 4세가 되는 순간부터 바빠집니다. 영어 유치원 입학시험을 준비해야 하기 때문입니다. 5세부터 시작되는 영어 유치원, 즉 '영유'에 입학하려면 4세 때 시험을 봐야 하거든요. 명문대에 진학한 아이들이 영어 유치원 출신이라는 게 알려지면서 영어 유치원의 인기가 해마다 높아지고 있는데, 그러다 보니 입학시험 수준도 날이 갈수록 높아지고 있습니다. 그래서 나온 것이 '4세 고시'라는 우스갯소리입니다.

영유아를 키우는 엄마들과 이야기해보면 단연 많이 나오는 화제가 영어 유치원입니다. 영어 유치원 입학시험은 매년 10월에 치러지는데 이때가 되어 대비하는 학원에 보내려면 자리가 없습니다. 그래서 영어 유치원을 노리는 엄마들은 자녀가 4세가 되자마자 일단 학원 한 곳에 등록합니다. 아니면 영어 유치원 대비를 전문으로 하는 과외 선생님을 찾기도 하는데, 합격생을 여럿 배출한 선생님은 고등학교 과외비 이상을 줘야 하기도 합니다. 그런데도 몇 달씩 대기해야 할 정도입니다.

시험을 통과해 영어 유치원에 입학한다고 끝나는 게 아닙니다. 7세 때 또 한 번의 시험이 기다립니다. 바로 대치동에서 '빅 3' 혹은 '빅 5'로 불리는 유명 어학원에 들어가기 위한 입학시험입니다. 사실 영어 유치원은 이 어학원 입학시험을 준비하기 위한 전 단계라고 할 수 있습니다. 대체로 대치동에서 영어 유치원 3년 과정을 마친 아이들은 미국 초등학교 2학년 정도의 영어 실력을 갖추고 있는데, 빅 3 입학시험은 최소 이 수준은 되어야 통과할 수 있습니다.

이렇게 유아에서 초등학교 1~2학년까지 영어에 집중했다면 초등학교 3학년부터는 수학으로 넘어갑니다. 그마저도 시작하는 연령대가 낮아져 요즘은 5세 때부터 수학을 시작합니다. 영어 유치원 입학시험이 끝나고 입학할 때까지 남은 몇 달간 연산을 학습하기도 하고, 사고력 수학을 배우기도 합니다. 수학 공부를 시작하는 나이가 예전보다 어려진 이유는 입시에서 수학의 비중이 그만큼 커지기도 했지만 유명 수학 학원의 입학시험 때문이기도 합니다. 대치동뿐 아니라 전국에서 가장 유명한 어느 초등 수학 학원은 원래 4학년부터 들어갈 수 있었습니다. 그러던 것이 2학년 말에 입학시험을 통과하면 3학년 때부터 예비반에서 수업을 들을 수 있게 됐지요.

어렵기로 소문난 이 학원 입학시험을 통과해 3학년 때부터 다닐 수 있다는 것은 아이가 수학에 탁월한 재능이 있다는 뜻이기도 합니다. 그래서 엄마들은 아이가 수학 머리가 있어 보인다 싶으면 1년 전에 붙는 영광을 누리려고 미리 준비하기 시작하고요. 이런 이유 때문에 대치동에서는 수학 선행 시기가 점점 빨라지는 추세입니다.

더구나 요즘은 초등학생 때부터 아이의 진로로 의대를

희망하는 부모님들이 많습니다. 이런 의대 열풍과 맞물리다 보니 수학뿐만 아니라 과학도 초등학교 저학년 때부터 일찌감치 시작하곤 합니다. 초등학교 저학년 때는 실험 위주의 학원에 다니며 과학에 대한 흥미를 키워나가다가, 고학년이 되면서 중학교 과정을 가르치는 학원으로 옮기는 것이 일반적인 코스입니다. 여기에 문해력의 중요성이 대두되면서 독서 논술 학원도 빼놓을 수 없습니다. 뭐 하나 모자란 것 없는 '육각형 인간'을 지향하는 세상이니 예체능도 챙겨야 합니다. 웬만한 어른보다 더 바쁘게 사는 아이들이지만 짬을 내 악기나 그림, 운동 등도 배웁니다.

그러다 중학교에 올라가면 본격적으로 고등학교 내신 전 과정을 선행 학습하기 시작합니다. 한국과학영재학교나 서울과학고등학교 등 영재고를 목표로 하는 아이들은 초등학교 5학년 무렵부터 경시대회를 준비하고요. 한편 중학교 3학년 겨울방학은 고등학교 내신 등급을 결정하는 데 가장 중요한 시기로 여겨집니다. 종합하면 요즘 대치동 아이들은 초등학교 때 기초학력을 쌓고, 중학교 때 주요 과목을 선행하며 기본기를 다지다가 고등학교에 입학하면서 본격적인 내신 대비와 수능 준비에 돌입합니다. 대부분이 초등학생 시기부터 이 루트를 따라갑니다.

　초등학교에 입학하기 전부터 이런저런 것들을 시작한다는 데 놀라고, 혹시 우리 아이는 늦은 건가 싶어 불안한 분도 있을 겁니다. 괜찮습니다. 제가 말하고자 하는 것은, 20년 이상 대치동에서 아이들을 가르쳐보니 의대나 이른바 'SKY'에 진학한 최상위권 아이들 중 이 루트를 그대로 따라 한 아이들이 매우 적었다는 사실입니다. 중학교 이후부터 두각을 나타낸 아이들일수록 남들이 하는 방식은 참고만 할 뿐 결국에는 자기만의 방식으로 공부했습니다. 이런 맥락에서 저는 대치동 아이들의 요즘 학습 트렌드를 생생히 보여드리되, 해야할 것이 너무나도 많은 시대에 정말로 시간과 에너지를 쏟을 가치가 있는 것만 선별해 초등·중등 공부 로드맵을 그리고자 합니다.

　그럼에도 짧게는 초·중·고 12년, 길게는 미취학 유아 시기를 포함한 더 긴 시간 동안 대치동의 교육 인프라를 적극 활용하며 일찌감치 대입을 준비하는 아이들이 많다는 사실을 기억해야 합니다. 앞서 말씀드린 것처럼 어느 지역에 거주하든 대치동을 찾아오는 아이들은 매우 많고, 냉정히 말하면 그 아이들이 내 자녀와 명문대를 놓고 경쟁할 상대이니 말입니다.

대치동 괴담을 아시나요

"대치동에는 정신과 치료를 받는 아이들이 그렇게 많다면서요?"

"한 문제 차이로 내신 등급이 달라진다는데, 애들이 숨은 쉴 수 있겠어요? 너무 불쌍해요."

대치동에 대해 이런 소문을 한 번쯤은 들어보셨을 겁니다. 언론에서 자극적으로 다루기도 하고, 뜨거운 관심이 쏠리면서 사람들의 상상력과 걱정이 더해져 이러한 웃지 못할 말이 나오는 것 같습니다.

이런 질문을 들으면 저도 머릿속에 떠오르는 의문이 있습니다. 대치동이 아닌 곳에 사는 대한민국 학생들은 학업 스트레스를 받지 않을까요? 어느 지역에 살든 스스로 열심히 하는 '유니콘' 같은 아이가 있는가 하면, 부모님이 억지로 끌고 가야 하는 아이가 있습니다. 물론 대치동에서 고등학교에 진학하며 마주하는 경쟁이 어마어마한 건 사실입니다. 한 문제도 아닌 불과 1~2점 차이로 내신 등급이 달라지니까요. 하지만 동일한 입시 제도 아래에서 이런 학업 스트레스가 대치동에만 존재하는 건 아닐 겁니다.

물론 초등학교 1학년도 일주일 내내 쉬는 날 없이 시간표가 꽉 차 있으니 '미친 짓'처럼 보이기도 합니다. 각종 체험 학습이나 예체능을 배우러 가야 하니 주말에도 바쁜데 이렇게 아이들을 쉴 틈 없이 돌리는 것이 말이 되느냐고, 아이들이 불쌍하다고 생각하는 분들도 있고요. 실제로 언론에 보도되는 내용을 언급하며 대치동을 마치 아동 인권 탄압의 상징처럼 말하는 분도 있었습니다.

그런데 제가 20년간 이곳에서 아이들을 대하며 관찰해보니 놀랍게도 대치동에서는 학원 가기 싫다고 떼쓰는 아이가 생각보다 많지 않습니다. 물론 중학교에 입학해서 본격적으로 시험을 치르고 성적이 나올 때쯤이면 아무래도 주변 친구와 비교되면서 스트레스를 받긴 합니다. 하지만 최소한 초등학교 시기까지는 부모님 때문에 억지로 사교육 받는 아이들보다는 그 경험 자체가 즐거워서, 친구가 하니까 자신도 해보고 싶어 하는 아이들이 더 많았습니다.

대치동 선행 코스의 대표 주자로 꼽히는 영어 유치원 게

이트(GATE)를 예로 들어볼까요? 우리말도 제대로 못하는 네 살배기 아이가 어떻게 영어로 공부를 할 수 있냐며 경악하는 분들이 있는데, 실상 따지고 보면 '공부'라는 말을 붙이기에도 민망한 수준입니다. 소문과는 다르게 게이트 유치원의 숙제량은 그렇게 과하지 않으며, 고작해야 프린트 3~4장 정도 써가는 게 전부입니다. 한두 달에 한 번씩 짧은 스크립트를 외우고 친구들 앞에서 영어로 3~5분 발표하는 것은 조금 부담일 수 있지만, 이 또한 아이들에게는 너무 좋은 경험입니다. 주제를 정하고, 발표 자료를 찾고, 보드를 만들고, 오려 붙이며 영어로 쫑알쫑알 외우는 모습을 보면 그렇게 신이 날 수가 없습니다. 아무리 대치동이라지만 이런 과정을 싫어하거나 따라 하지 못하는 아이라면 애초에 영어 유치원에 보내지도 않습니다.

많은 분들이 생각하는 것처럼 대치동 아이들이 감당 못할 스트레스를 받으며 공부하는 것은 아닙니다. 오히려 아이들은 주변 친구들과 어울리며 자연스럽게 공부하고 있습니다. 이 모든 것을 소화할 만큼 재능을 지닌 아이들이 많으니까요. 그리고 대치동 아이들 또한 구슬 아이스크림이나 장난감 하나에 울고 웃는 그저 순수한 아이들일 뿐입니다.

이 아이들 역시 놀이터에서 흙투성이가 된 채 놀다가 "안녕, 내일 보자!"라는 말을 남기고 누구는 수학 학원으로, 누구는 영어 학원으로 향하는 것뿐입니다. 때가 되면 친구를 사귀고, 학교에 가는 것처럼 이런 일상은 너무나도 자연스러운 일입니다.

보고 듣고 자극받는 환경에 있습니까

대치동에서는 방학 때면 '10 to 10', 즉 아침 10시부터 밤 10시까지 학원에서 공부하는 것이 자연스럽게 여겨집니다. 나만 특별히 하는 것이 아니라 주변 아이들이 다 하니까 별다른 불만이 없습니다. 아이들은 어른들이 생각하는 것보다 또래 집단의 영향을 훨씬 많이 받습니다. 특히 자랄수록 그 영향력은 더욱 강해집니다. 백문불여일견(百聞不如一見)이라고, 엄마의 잔소리보다 또박또박 깨끗하게 정리된 옆 친구노트를 보는 것이 훨씬 효과적인 한 방입니다.

공부는 누가 대신 해줄 수 없고 혼자 해야 합니다. 그래서 당사자의 의지가 무엇보다 중요합니다.

"다른 애들은 다 노는데 왜 나만 해야 돼?"

이 말이 나오는 순간 아이의 공부 습관을 들이는 것부터 쉽지 않은 일이 됩니다. 더구나 공부는 어느 날 갑자기 시작하는 것이 아니라 아이가 자연스럽게 받아들일 수 있도록 차근차근 접근하는 것이 중요합니다. 중학교 때부터, 혹은 고등학교 때부터 갑자기 학습량이 늘어나면 경험해보지 못했던 빡빡한 스케줄에 오히려 스트레스를 받기 쉽습니다.

결국 이런저런 것을 경험하고 시도하는 친구들, 학구열 있는 친구들, 잘하는 친구들과 함께 있으면 우리 아이도 뭐라도 보고 배우며 함께 성장할 확률이 높아집니다. 공부 욕심 있고 잘하는 아이들이 몰려 있는 학군지일수록 나중에 내신 성적 경쟁은 치열하겠지만, 그럼에도 이런 환경에 아이를 두어야 하는 이유입니다.

오해하지 않으시길 바랍니다. 대치동만 우리 아이들이 공부하기에 적합한 곳이라는 이야기가 아닙니다. 꼭 대치동이 아니어도 좋습니다. 명문대 진학이나 만족할 만한 입시 결과를 떠나, 아이가 제대로 된 실력을 갖추고 성장하기 위해서는 초등 시기부터 수준의 선순환이 일어나는 환경, '공부할 수밖에 없는' 환경을 만들어줘야 한다는 말씀을 드리는 겁니다. 부모의 유전자를 물려받아 태어날 때부터 머리가 좋은 아이라면 걱정할 것이 없겠지요. 그러나 평범한 머리로 의지와 노력을 통해 승부해야 한다면 공부하는 환경은 무엇보다 중요합니다.

지금 우리 아이를 둘러싼 환경은 어떤가요? 무엇이든 친구들과 즐겁게 배우고 경험할 수 있는 환경인가요? 나보다 나은 친구들을 보며 자극받을 수 있는 환경인가요? 아이가 공부하지 않는다고 걱정하기 전에 이 지점부터 다시 한번 곰곰이 고민해보시면 좋겠습니다.

2강

대치동 최상위권의
황금 밸런스
따라잡기

수학은 1등급,
영어는 4등급?

대치동에 있는 학원 중 대부분은 수업 중간에 또는 수업이 끝난 후 시험을 치르게 합니다. 지난 시간에 배운 내용을 제대로 알고 있는지 실력을 확인하기 위해서지요. 배운 내용을 잘 복습하라는 의미도 있고, 학생들이 자신의 실력을 객관적으로 파악하고 자극을 받도록 하기 위해서이기도 합니다. 이렇게 시험을 치른 뒤 성적이 커트라인 이하인 학생들은 나머지 공부를 하고, 재시험을 통과하면 귀가할 수 있도록 지도합니다.

이러한 시스템은 방학 때는 물론이고 학기 중 내신 대비 수업에서도 예외가 아닙니다. 특히 내신의 경우 같은 학교 친구끼리 경쟁해 등수를 매기는 상대평가 시스템이기에, 매 번 치르는 학원 시험이라 해도 아이들은 신경을 쓸 수밖에 없습니다. 학원 시험을 같이 보는 친구들이 실제 학교 시험 에서도 경쟁자니까요.

제 수업 역시 그날 치르는 시험에서 70점 이하를 받으면 나머지 공부를 하고 재시험을 봐야 합니다. 어느 날, 대치동 D고 내신 수업이 끝난 뒤였습니다. 나머지 공부를 하는 학 생들이 누가 봐도 모범생들이라 의아했습니다. 그중에는 중 학교 때부터 수학 올림피아드나 경시대회에서 입상한 아이 들도 있었습니다. 남아서 열심히 공부하고 있는 아이들에게 다가가 조심스레 물어봤지요.

"너희처럼 성적 좋은 아이들이 어쩐 일로 시험을 통과하 지 못했니?"

"선생님, 고등학교 와서 보니까 영어 성적 잘 받기가 너 무 어려워요."

"그래? 중학교 때 영어 성적 좋다고 하지 않았어?"

"분명히 그랬는데 고등학교 오니 영어 점수가 생각만큼 나오지 않아요. 중학교랑 고등학교랑 비교하면 가장 차이가 큰 과목이 영어 같아요."

아이들이 입을 모아 하는 말이, 중학교 내신은 바짝 2주 정도 외워서 시험 보면 거의 100점을 받았는데 고등학교 내신은 시험 범위가 넓고 문제도 너무 어려워서 힘들다고 합니다.

"그 어려운 수학 올림피아드에 나가서 메달도 따는 녀석들이 영어가 뭐가 어렵다고?"

한두 명이 망설이다가 대답했습니다.

"실은 중학교 내내 수학이랑 과학 올림피아드 준비하느라 영어를 제일 먼저 놓았거든요."

아이들은 이럴 줄 알았으면 중학교 때 영어 공부를 조금이라도 해놓을 걸 그랬다며 한숨을 푹 쉽니다. 그 후 몇 명의 이야기를 더 들어보니 성적이 전교권임에도 뜻밖에 영어에서 어려움을 겪고 있는 아이들이 꽤 많았습니다.

수학에 전력 질주하는 아이들

예나 지금이나 대부분의 아이들이 가장 어려워하는 과목을 꼽으라면 수학일 겁니다. 그러다 보니 초등학교에 입학한 후 가장 많은 시간을 할애하는 과목도 수학입니다. 부모님들은 수학 공부를 일찍 시작할수록 더 빨리 선행하고 더 많이 반복할 수 있다고 생각하시지요. 특히 초등 시기부터 의대를 지망하는 아이들이 많아진 요즘에는 입시의 성공 열쇠는 수학이라는 생각에 그야말로 수학에 전력을 기울입니다.

이런 분위기는 대입뿐 아니라 고입에서도 마찬가지입니다. 일반고에 비해 대학 입시 결과가 좋은 영재고에 진학하려고 할 때 결정적인 역할을 하는 과목이 수학입니다. 여기에 요즘은 의대를 지원하기 위해서는 과학 성적이 필수인지라 과학도 사교육을 시작하는 연령대가 더 낮아지는 추세이고요. 결과적으로 요즘 초등 시기 과목별 공부 비율을 살펴보면 수학이 8에 과학이 2를 차지하고, 영어와 국어는 0에 가깝습니다.

그런데 대치동에서 '공부 좀 한다'는 남학생의 경우 대개 초등학교 4학년이 되면 영재고 입학을 목표로 삼고 준비합니다. 중학교 한 곳에서 남학생의 70~80%가 영재고 입학 시험을 준비한다고 해도 과언이 아닙니다. 반드시 영재고에 가고 싶은 건 아니지만 정규 시험이 없는 초등학생에게 영재고 준비 과정이 좋은 공부 경험이 될 것 같아 시키시는 어머니들도 간혹 있긴 합니다. 대입에서 수학이 큰 비중을 차지하니 미리 수학 실력을 길러놓으면 나중에 일반고에 진학하더라도 편할 거라는 계산도 하시면서요.

그런데 이처럼 일찍부터 준비하는 대치동에서도 한 학교에서 두어 명만 영재고에 합격합니다. 결국 나머지 아이들은 일반고에 입학해 내신 1등급을 받기 위해 치열하게 준비할 수밖에 없습니다. 문제는 수학에만 '몰빵'하며 다른 과목은 내려놓았던 시간이 부메랑이 되어 돌아온다는 점입니다. 그 결과가 앞서 말한 D고 아이들의 사례처럼 수학 1등급에 영어 4등급입니다.

그래도 수학이라도 1등급이 나오면 다행입니다. 나중에 수학 공부할 시간을 쪼개 영어나 국어 공부를 할 수 있으니까요. 가장 난감한 상황이 모든 노력과 에너지를 쏟아부은 수학도 성적이 신통치 않으면서 손에서 놓은 영어·국어도 점수가 낮은 경우입니다. 특히 고등학교 성적의 출발점이 되는 1학년 첫 시험부터 이런 상황을 맞닥뜨리면 무언가를 시도해보기도 전에 의욕을 잃기 쉽습니다. 이런 상황이 고등학교 전체 내신에 어떤 영향을 미칠지는 부모님들도 충분히 예상할 수 있으실 겁니다.

안타까운 점은 부모님이든 학생이든 이 사실을 고 1 첫 중간고사를 치르고 나서야 깨닫게 된다는 사실입니다. 영어는 언어이기 때문에 손을 놓으면 금세 감을 잃습니다. 고등학교 때 잘못되었음을 깨닫고 그때부터 공부하면 많이 늦습니다. 물론 중학교 때 수학·과학에만 매진했다고 해서 반드시 나중에 좋은 영어 성적을 얻지 못한다는 말은 아닙니다. 다만 다른 아이들보다 두세 배 노력을 기울여야 합니다.

중학교 때 아무리 바쁘고 다른 과목 선행이 급해도 영어를 손에서 완전히 놓는 것은 현명한 전략이 아닙니다. 그렇다고 해서 엄청난 공부량이 필요한 것도 아닙니다. 주 1회씩만 영어에 시간을 들여도 초등학교 때까지 성실하게 쌓아온 영어 실력이 어디 가지 않습니다.

입시, 아직은
'제너럴리스트'에게 유리합니다

현실이 이런데도 여전히 "어머님, 일단 지금은 수학만 신경 쓰세요. 다른 과목은 나중에 하면 어떻게든 됩니다"라고 말하는 일부 수학 학원 원장님도 있습니다. 이런 분들이 요즘 학군지 고등학교 내신 영어 시험문제를 풀어보면 아마 혀를 내두를 겁니다. 절대평가인 수능 영어와는 달리 내신 영어는 상대평가입니다. 내신 등급 변별력을 높인다는 이유로 지문도 길고 단어도 어려워지며 암기로만 통하지 않는 수준이 되었습니다. 어떨 때는 제가 보기에도 극악하고 치사한 수준으로 꼬아서 출제되거든요. 비단 영어만 이런 것도, 제가 영어를 가르치기 때문에 드리는 말씀도 아닙니다. 학군지이거나 교육열이 조금 높은 동네라면 대부분 나타나는 현상입니다.

이런 상황에서 몇 년간 수학 공부만 하다가 뒤늦게 다른 과목을 다시 시작하는 아이들이 고등학교에 올라가자마자 갑자기 좋은 성적을 얻을 수 있을까요? 그런데도 학생들이 마주할 후폭풍은 생각하지 않고 각 학원이 자신들이 가르치는 과목에만 집중할 것을 강조하는 상황에서, 아이들의 공부량은 점점 늘어나고 부모님들의 불안감도 점점 커지는 모습을 목격하곤 합니다.

많은 초등 학부모님들이 간과하시는 것이, 현행 교육제도에서 입시 결과를 좌우하는 것은 '고등학교 전 과목 내신 성적'이라는 사실입니다. 특정 과목에서 '천재'라는 말을 들을 만큼 탁월한 실력을 갖춘 것이 아니라면 모든 과목에서 골고루 좋은 성적을 유지해야 명문대 진학에 유리합니다. 예를 들어 내신에서 수학·과학은 1등급을 받고 영어는 4등급, 국어는 3등급을 받으면 평균이 2등급이 되니 SKY 진학은 어렵습니다. 수학을 잘하니 의대에 지원하고 싶어도 전체 평균 등급이 낮으니 수시 모집에 지원할 수 없지요. 서울대의 경우 국어·영어·수학·과학·사회에 음악·미술·체육까지 전 교과를 충실히 이수했는지 봅니다. 다른 주요 대학들도 기본적으로 국어·영어·수학·과학이나 사회 내신은 다 반영하고요. 출결 사항까지 보는 대학도 있습니다.

제 수업을 듣는 남학생들 중에는 앞서 언급한 D고 학생들 외에도 영재고 진학에는 실패해 일반고에 입학했지만 초등 고학년부터 수학이나 과학 올림피아드에서 메달을 딴

똑똑한 아이들이 제법 많습니다. 이런 학생들을 통해 살펴보니 지금 대치동에 있는 남자고등학교에서는 누가 영어와 국어를 1등급까지 올리느냐로 최상위권이 결정됩니다. 전교 30등까지 봤을 때 수학·과학 실력이 엇비슷하기 때문에 영어와 국어까지 모두 잘해서 내신 평균 1등급을 받는지가 관건인 거지요.

결국 누구나 인정하는 천재가 아니라면 수학·과학 성적만 뛰어나서는 명문대에 입학하기 어려운 것이 현실입니다. 그런데도 확고한 목적의식이나 지향점 없이, 남들 따라 영재고 준비한다고 수학에만 매진했다가 다른 과목 점수를 잃고 내신에서 애매한 성적을 받는 것이 좋은 전략일까요? 더구나 뒤에서 자세히 설명하겠지만 영재고나 과학고가 모두에게 입시의 정답이 되는 것은 절대 아닙니다. 특별한 재능을 지닌 아이들은 한정되어 있으며, 수학이나 과학 실력이 뒤떨어지지 않지만 오히려 일반고가 본인에게 최적의 학습 환경인 아이들도 분명 있습니다.

영재고 준비하는 자녀를 둔 어머니들을 보면 '이 정도 준비하는데 설마 떨어지겠어?'라고 생각하는 분들이 많습니다. 내 아이가 영재고에 불합격한다고 생각하지도 않거나 최악의 상황에 대비하지 않는 경우이지요. 설령 영재고에 합격하지 못해도 수학이나 과학을 열심히 공부한 효과가 있으니 괜찮겠지, 하며 내심 믿는 구석도 있고요.

그런데 간과해서는 안 될 것이, 영재고 진학을 준비하던 학생이라 해도 일반고에 진학했을 때 수학·과학에서 기대보다 낮은 성적을 받을 수 있습니다. 영재고 입시나 경시대회에서 통하는 수학과 일반고의 내신 수학은 출제 유형이나 성향이 다르기 때문입니다. 문제 풀이 방식이 달라 서술형 문제에서 학교 선생님이 원하는 답을 적지 않아 왕창 감점되는 일도 드물지 않습니다. 이 때문에 일반고 내신 전문 수학 선생님 중에는 영재고 준비했던 아이들에게 밴 나쁜 습관을 없애는 게 더 힘들다고 하소연하는 분들이 있습니다.

결론을 말씀드리면 시기별로 균형에 맞춰 주요 과목을 골고루 잘하는 아이로 키우는 것이 현행 입시 제도에서 좋은 결과를 내는 전략의 첫걸음입니다. 제가 영어를 가르치고 있어서 수학 공부 비중을 낮추고 영어를 더 열심히 공부하라고 말하는 것이 결코 아닙니다. 밸런스를 잃으면 입시 실패로 이어지기 쉽습니다. 공부하기 싫어하는 아이를 어르고 달래며 공부 습관을 잡아주고, 좋은 학원과 유능한 선생님을 찾아 선행 학습을 한 것은 결국 입시에서 좋은 결과를 얻기 위함이 아닌가요?

특정한 과목에만 '올인'하는 것만큼 위험한 학습 전략은 없습니다. 중 3 때까지 국어·영어·수학 등 주요 과목의 실력을 고르게 갖춰야 고등학교에 입학해 본격적인 입시 레이스를 수월하게 달릴 수 있습니다. 그렇기에 공부 밸런스는 무엇보다 중요합니다.

최상의 과목별 공부 비율
'황금 밸런스'

대치동 최상위권의 과목별 공부 밸런스

오랜 시간 대치동에서 학생들을 가르치면서, 경쟁이 치열한 대치동에서도 각 학교 전교 10등 안에 드는 최상위권 학생들이 어떻게 공부하는지 지켜볼 기회가 많았습니다. 최상위권 학생들은 수학·과학도 잘하지만 국어·영어도 잘합니다. 흔히 '이과 뇌', '문과 뇌'가 따로 있어 수학을 잘하면 국어는 못한다고들 하는데, 이 아이들에게는 그런 말이 통하지 않습니다. 공부에 쓸 수 있는 시간과 에너지는 한정되어 있는

데 어떻게 이렇게 골고루 잘하는지 궁금했지요.

제가 가르쳤던 최상위권 아이들이 초등학교부터 고등학교까지 각 과목에 어느 정도 비중을 들여 공부했는지 분석해보았습니다. 초1부터 고3까지 12년을 크게 8단계로 나눈 뒤, 각 시기별로 수학·국어·영어·과학을 얼마만큼의 비중으로 공부했는지를 살펴보았지요. 그 결과 다음과 같은 과목별 황금 밸런스를 찾았습니다.

대치동 최상위권의 과목별·학년별 공부 비중

	수학	영어	국어	과학
초 1~2	4	6	0	0
초 3~4	6	4	0	0
초 5~6	6	2	1	1
중 1~2	6	2	1	1
중 3	5	2	1	2
고 1	4	2	2	2
고 2	4	1	2	3
고 3	1	0.5	5	3.5

먼저 취학 전부터 초등학교 2학년까지는 영어 비중을 높게 유지하고, 수학은 교구나 게임 등을 활용해 수학적 사고를 키워나갑니다. 이때 연산 공부를 병행해 사칙연산 실수로 주눅 들지 않고 수학에 자신감을 갖게 합니다.

초등 3~4학년이 되면 수학의 비중을 좀 더 높입니다. 이때부터 흔히 말하는 선행 학습을 시작하는 것이지요. 단, 이 시기에 반드시 기억해야 할 것은, 수학 비중을 높이더라도 영어에 적정 시간을 할애해 절대로 영어를 손에서 놓지 않아야 한다는 것입니다. 특히 초 5~6학년 때는 수학에 집중하면서 주 1회씩이라도 영어에 노출되어야 합니다. 참고로 언어는 '끝낸다'는 개념이 적합하지 않은 영역입니다. 영어나 국어처럼 언어를 다루는 과목은 적정 수준까지 실력을 올려놔도 손을 놓는 순간부터 실력이 떨어지기 때문이지요. 따라서 '마스터한다'는 개념을 아예 머릿속에서 없애고 꾸준히 하는 과목이라고 생각해야 합니다.

앞장의 표에서 초등 1~4학년에는 국어가 '0'이라 적혀 있지만 그렇다고 아무것도 하지 말라는 뜻이 아닙니다. 특별한 사교육 없이 꾸준히 다양한 분야의 책을 읽는 것을 의미합니다. 뒤에서 좀 더 자세히 설명하겠지만 책 읽기는 국어뿐만 아니라 입시 레이스에서 마주하는 모든 공부의 토대가 됩니다. 5학년 때부터는 국어 독해 문제집이나 어휘력 문제집을 풀어보면 좋습니다.

이제 과학을 살펴볼까요? 초등 4학년까지는 과학 분야 도서를 읽으면서 호기심을 유지하는 데 중점을 둡니다. 아이가 과학에 관심이 많다면 흥미로운 실험을 직접 경험할 수 있는 실험 위주 학원에 다녀보는 것도 좋은 방법입니다. 교재 중심의 과학 공부는 6학년쯤부터 시켜도 늦지 않습니다. 최상위권 아이들 역시 대체로 중학교에 진학해서 과학 선행 학습을 시작했습니다.

중학교부터는 본격적인 '공부 모드'가 시작됩니다. 수학은 중학교 진도에 맞게 학습하면서 고등학교 선행 학습을 병행합니다. 핵심은 수학에 가장 많은 비중을 두지만 영어와 국어를 완전히 손에 놓지 않는 것입니다.

중학교 2~3학년이 되면 슬슬 고등 과학 선행을 시작합니다. 고등학교에 가면 물리·화학·생명과학·지구과학 등 4과목을 배우는데, 모든 과목을 마스터하겠다는 건 욕심입니다. 다른 과목도 공부해야 하니까요. 그래서 각 과목당 가장 어려운 단원만 미리 공부해두면 도움이 됩니다. 물리는 역학, 화학은 화학반응, 생명과학은 유전, 지구과학은 천체 파트가 해당되겠지요. 과학 학원 중에는 이 영역만 다루는 강의를 하는 경우도 있으니 방학 특강으로 배우는 것도 방법입니다.

중학교 때 과학 올림피아드를 준비하는 경우도 많은데, 일반고 내신이나 수능에는 별 도움이 안 되니 영재고를 준비하는 게 아니라면 굳이 과학 올림피아드에 도전할 필요는 없습니다. 차라리 그 시간에 수학을 공부하는 게 훨씬 도움이 됩니다. 과학 올림피아드 준비를 해본 학생들이 신신당부하는 말입니다. 고등학교에 진학하면 과학은 학교 내신 대비가 수능 대비와 같아서 내신을 열심히 준비하면 저절로 수능 공부까지 하게 됩니다. 그러다가 고 3이 되면 과학 공부에 시간을 들이는 비율을 3,5까지 높여 수능 준비에 집중하는 것이 좋습니다.

중학교까지 영어를 놓지 않고 꾸준히 해온 학생들은 학년이 올라갈수록 영어 공부 비중을 줄일 수 있습니다. 수능 영어의 경우 절대평가라 어느 정도 수준을 높이고 감을 유지해야 합니다. 이렇게 어릴 적부터 영어 감각을 유지해오면 고 3부터는 상대적으로 다른 과목에 시간을 많이 할애할 수 있습니다. 최근 몇 년 새 수능에서 수학과 국어가 점점 어려워지는 것을 생각하면 필요한 전략입니다.

고등학교 때부터는 국어 실력을 다져놓는 것도 중요합니다. 중학교 때까지 책 읽기로 문해력과 어휘력을 잘 쌓아놓은 학생이라면 국어 공부가 수월합니다. 물론 어릴 적 독서량이 부족했다고 해서 이후에도 국어에서 고득점이 불가능한 것은 결코 아닙니다. 국어 실력을 높이는 상위권들의 국어 공부법은 5장에서 자세히 설명합니다.

'반 바퀴' 차이를 놓치지 마세요

우리 아이들이 겪어야 할 이 모든 공부 과정을 한마디로 표현하면 '마라톤'입니다. 초·중·고 정규 과정만 잡아도 12년이라는 긴 시간 동안 아이는 입시라는 목표를 향해 달립니다. 초반에 너무 빨리 달리면 지치고, 그렇다고 너무 늦게 달리면 추월할 수 없습니다. 쓸 수 있는 에너지는 한정되어 있으니 지혜롭게 배분해야 합니다.

제가 학부모님들께 늘 드리는 말씀이 달리기라고 치면

'반 바퀴 뒤에서 달린다'고 생각하자는 것입니다. 한 바퀴 차이가 나면 나중에 따라잡겠다고 마음먹어도 그러기 어렵습니다. 그렇다고 선두 그룹에서 달리자니 부담스럽기도 하고 초반에 힘을 다 써서 뒤처질 수도 있지요. 이처럼 아이가 에너지를 모두 소진하지 않으면서 언제든 마음만 먹으면 치고 나갈 수 있는 거리가 반 바퀴 차이입니다.

주요 과목으로 생각했을 때는 수학이 선두 그룹이라면 국어·영어는 반 바퀴 뒤에서 계속 따라가고 있어야 나중에 밸런스를 살짝 조정해 앞으로 치고 나갈 수 있습니다. 수학 실력이 너무 부족하면 국어·영어에 신경 쓸 시간과 여유가 없습니다. 하지만 어릴 때부터 수학에 매진하는 이유는 결국 다른 여러 과목을 고루 잘할 수 있는 능력자가 되기 위해서이지, 말 그대로 수학만 파고들라는 뜻이 아닙니다. 오히려 이 같은 과목별 밸런스를 염두에 두고 차근차근 각 단계를 밟아가는 아이들이 초등 이후 최상위권에 오를 수 있습니다.

12년을 달리는 동안 부모가 할 일은, 아이가 가장 효율적으로 달릴 수 있는 로드맵을 그려주는 것입니다. 이때 중요한 것은 완벽한 컨디션으로 달리기 위한 최소한의 균형

점입니다. 당장 눈앞의 목표만 볼 게 아니라 멀리 보고 밸런스를 유지해야 합니다. 입시는 초등학교 시기 1~2년의 결과로 결정되는 것이 아니라, 그것을 바탕으로 한 12년간의 종합적 결과로 나타난다는 사실을 기억하시길 바랍니다.

3강

상위 1%로 이끄는
초등 공부 습관

공부가 일상인 '유니콘 아이', 어떻게 만들까

습관도 훈련이 필요합니다

앞서 입시는 아이가 12년간 달리는 마라톤 레이스라고 말씀드렸습니다. 선두로 달리기 위해서는 출발이 빠른 것뿐만 아니라 쉬지 않고 달리는 것도 중요합니다. 즉, 이른 시기에 선행 학습을 하는 등 공부를 일찍 시작하는 것도 의미가 있지만, 어떤 상황에서든 공부를 손에서 놓지 않는 것 또한 중요하다는 뜻입니다. 이런 맥락에서 초등 시기에는 선행 진도보다 더 중요한 목표로 삼아야 할 것이 '공부를 습관으로 만드는 것'이라고 봅니다.

오랫동안 반복해서 몸에 저절로 익힌 행동 방식을 '습관'이라고 합니다. 마치 우리가 의식하지 않고서도 매 순간 숨을 쉬는 것처럼, 어떤 상황에서든 당연하게 반복하는 행동입니다. 보통 아이들은 공부해야지 생각하고 나서도 책상에 앉아 책을 펴기까지 시간이 걸리는 반면, 공부 잘하는 아이들은 정해진 시간이 되면 바로 자리에 앉아 그날 계획한 만큼 공부합니다. 학원에 가기 싫다는 아이와 실랑이한다는 부모님이 많은데, 애초에 학원은 빠지는 게 아니라는 습관이 들면 이런 실랑이를 벌일 일이 없습니다. 공부 습관이 형성되면 공부하기 싫다는 마음이 들기도 전에 몸이 먼저 가서 자리를 잡습니다.

초등학교 저학년 때부터 하루 30분이라도 책상에 앉아 있고, 글씨는 단정하게 쓰고, 가방을 챙기고, 잠자리에 드는 행동은 사소해 보이지만, 이런 행동이 몸에 익은 아이는 엄마가 잔소리를 하지 않아도 할 일을 스스로 해냅니다. 공부 습관을 들일 때는 짧은 시간, 적은 양도 괜찮습니다. 정해진 시간에 자리에 앉아 수학 문제집 2페이지, 영어 단어 20개 암기, 책 10페이지 읽기 등 약속한 분량을 매일 빠짐없이 해내는 것이 핵심입니다.

내신 경쟁이 치열한 대치동에서 3년간 우수한 내신 등급을 받은 끝에 의대에 진학한 현서는 초등학교 때 선행 학습을 많이 한 학생이 아니었습니다. 대치동에서 아무리 사교육을 안 시키는 집이라 해도 수학 학원은 일찍부터 보내는데, 현서는 그마저 다니지 않고 집에서 문제집을 푸는 게 전부였지요. 이야기를 들어보니 현서의 부모님은 초등학교 때 어디까지 배우느냐보다 공부 습관을 잡아주는 데 더 신경 쓰셨다고 합니다. 하루에 수학 문제집은 얼마나 풀지, 책은 얼마나 읽을지, 게임이나 TV 시청은 어떻게 할지 등을 모두 아이와 상의해 규칙을 정했습니다. 숙제나 공부부터 해놓고 게임이나 TV 시청은 정해진 시간에 하는 것이 몸에 배면서 습관이 되고 일상이 되었다고 합니다.

이렇게 초등학교 때 몸에 밴 습관은 중학교에 가면서부터 빛을 발했습니다. 다른 아이들은 초등학교 때부터 시작하는 사교육과 선행 학습을 중학교에 올라가서야 시작했는데도, 계획을 짜고 규칙적으로 공부하는 게 습관이 되자 무서운 기세로 실력이 쌓였습니다.

공부하는 것이 습관이자 일상이 되면서 멘탈 또한 강해

졌습니다. 늘 하던 대로 하면 되니 시험 기간에도 크게 긴장하지 않았고, 어쩌다 망친 과목이 있어도 영향받지 않고 평소 하던 대로 다른 과목들을 준비해나갔습니다.

현서 이야기를 듣고 나서 빡빡하게 공부 계획을 세우고 게임은 금지시켜야겠다고 생각하셨나요? 다시 강조하지만 핵심은 계획 자체가 아니라 '계획을 지키는 연습'입니다. 그러니 부모님이 일방적으로 정하지 말고 아이와 상의해서 계획을 세우고 지키는 훈련을 시작하시길 권합니다. 이런 생활에 익숙해져야 공부가 습관이 되고 중고등학교에 가서 학습량이 늘어나도 어려움 없이 공부할 수 있습니다.

초등 공부 습관,
부모님께 달려 있습니다

초등학교 때 공부 습관을 들이는 것의 9할은 부모님에게 달려 있다고 해도 지나치지 않습니다. 첫걸음은 자녀 앞에서 부모님의 습관을 점검하는 것입니다. 특히 부모님들이 기억하셔야 할 것이 예외적인 상황을 만들면 안 된다는 점입니다. 7시에 저녁을 먹고 8시부터는 책상에 앉기로 했는데 툭하면 저녁 먹는 시간이 달라진다면 아이가 공부 시간을 지키려 할까요? 또 아이는 정해진 시간에만 게임을 하고 유튜브를 보게 하면서, 부모님은 아무 때나 드라마를 본다면 아이가 어떻게 생각할까요? 앞서 이야기한 현서네 집은 부모님도 아이 앞에서 책을 읽거나 공부하는 분들이었습니다. 그래서 현서는 '왜 나만 공부해야 해?'라는 생각이 들지 않았고 평소에도 공부하는 것이 매우 자연스러웠다고 합니다.

아이가 학교나 학원에서 내준 숙제는 제대로 했는지, 오늘 끝내기로 약속한 부분을 빠짐없이 했는지 꼼꼼히 살펴보고 관리하는 것 또한 공부 습관을 들이는 데 중요한 역할을 합니다. 어릴 때부터 뭐라 하지 않아도 알아서 할 일을 성실하게 해내는 아이도 있지만, 이런 경우는 어머니들이 '유니콘'이라 표현할 만큼 극소수입니다. 대부분의 아이들은 하기 싫어서 온몸을 배배 꼬는가 하면 글씨도 알아보지 못하게 괴발개발 써놓습니다. 답안지를 베껴놓고 자신이 다 푼 것처럼 문제집을 펼쳐 보여주기도 하지요. 부모도 사람인지라 직장에서 업무에 시달리다 퇴근했는데, 집 안은 난장판이고 해놓으라는 숙제를 하나도 안 했다면 "빨리 숙제

안 해!"라며 고함부터 나올 수밖에 없습니다.

　서울대에 진학한 승희는 제가 가르친 상위권 아이들 중에서도 유난히 수업 태도가 좋고 예의도 바른 학생이었습니다. 아이를 키우는 저 역시 승희 어머니가 너무 부럽다는 생각이 들면서 대체 어떻게 키우면 이런 아이가 되는지 늘 궁금했지요. 어느 날 학원에 온 승희 어머니를 만나 물었더니 웃으면서 이렇게 말씀하셨습니다.

　"사실 승희가 처음부터 알아서 잘하지는 않았어요. 초등학생 시절엔 말도 안 듣고 꾀를 부릴 때도 많았죠. 못 푸는 문제는 별표를 해놓으라고 했더니 죄다 별표를 쳐놓기도 하고, 답지를 베낀 적도 많고요. 모든 엄마들이 한 번씩은 겪는 기막힌 일을 저도 겪었어요. 그런데 저는 아이를 대할 때마다 '나는 지금 집이 아니라 또 다른 직장에 있는 거다. 나는 유능한 부하 직원이고 아이들은 까다로운 상사다. 상사에게 친절한 태도로 최선을 다해 지원하는 또 다른 나로 태어나자'라고 생각했어요."

　워킹맘인 승희 어머니는 일을 마치고 집에 도착하면 차에서 내리기 전 10분간 마음을 가다듬으며 심호흡을 했다고 합니다. 아이가 숙제를 하나도 안 해놓았어도 화를 내거나 소리를 지르는 대신 "우리 승희, 오늘 많이 피곤했나 보네? 내일은 힘내서 오늘보다는 잘해보자"라고 달랬다고 합니다. 마치 이웃집 아이 대하듯이 말이지요. 그랬더니 어느새 엄마가 오기 전 최선을 다해 숙제를 마치는 게 습관으로 잡혔고, 이런 습관이 좋은 성적으로 이어질 수 있었던 것입니다.

때로는 부모도 사람이기에 감정이 상하고, 알아서 하지 않는 아이 때문에 화가 치밀어오를 수도 있습니다. 그런데 아이들은 공부 때문에 혼나는 순간 공부에 부정적 인식을 갖기 쉽습니다. '숙제'라는 말을 듣고 엄마가 화내는 얼굴을 먼저 떠올린다면 공부가 즐거울까요? 전혀 그렇지 않겠죠. 당연한 말이지만 공부 자체가 즐거워야 열심히 할 마음이 생깁니다. 같은 상황에서 부모가 어떤 말투와 태도를 취하느냐에 따라 아이가 공부를 대하는 태도가 달라질 수 있습니다.

3시간 공부로
6시간 공부한 효과 내는 법

단순하지만 가장 강력한 공부 계획표

초등 공부 습관을 기르는 방법 중 가장 효과적인 첫걸음은 계획표를 만드는 것입니다. 거창할 것 없이 부모님들이 여름방학 때 흔히 만들던 동그란 생활 계획표를 생각하시면 됩니다. 몇 시에 학교를 마치고 돌아오는지, 몇 시부터 몇 시 사이에 학원에 가는지, 집에 돌아와서 저녁을 먹고 언제 어떤 숙제와 공부를 할지 계획을 세우는 겁니다. 반복적인 스케줄은 공부 습관이 몸에 배도록 도와줍니다.

계획을 세울 때는 반드시 아이와 함께 상의해야 합니다. 엄마가 주도해서 계획을 짜면 아이는 엄마가 '시키는' 공부를 한다고 생각합니다. 하지만 자신이 주도해서 계획을 짜면 그 계획표가 자기 것이라고 느낍니다. 스스로 정한 약속이기 때문에 지키려 애쓰고, 지키지 않았을 때 책임감을 느끼지요.

중학생부터는 좀 더 구체적으로 계획을 세우는 것이 좋습니다. '쎈 문제집 집합 단원 10문제를 9시부터 10시까지 푼다' 하는 식으로 말이지요. 더 잘게 30분 단위로 쪼개는 것도 좋은 방법입니다. 최상위권 학생 중에는 예상보다 미뤄질 것을 대비해 2시간쯤 보충 시간을 따로 정해두었다는 학생도 있었습니다.

계획표를 작성하면 계획을 달성할 때마다 성취감뿐만 아니라 공부 효율도 높아집니다. 책상에는 하루 종일 앉아 있는데 성적이 나오지 않는다면 공부에 체계가 없어서입니다. 계획표를 짜면 쓸데없이 버리는 시간이 무엇인지 파악하고 필요한 공부로만 하루를 채울 수 있습니다. 만약 계획한 대로 잘 되지 않는다면 무엇이 문제인지 점검해볼 수 있습니다. 계획을 무리하게 잡은 건지, 공부에 집중하지 않아

지키지 못한 건지, 혹은 생각보다 실력이 부족한 과목이 있어 거기에 시간을 많이 빼앗긴 건지 파악할 수 있습니다. 공부 잘하는 아이들의 특징 중 하나가 자신의 상황을 파악하고 거기에 맞게 공부 계획을 끌고 나가는 '메타 인지'를 할 수 있는 것이라고 합니다. 문제를 파악하고 이를 해결하는 과정에서 성적이 오르는 건 당연합니다.

얽매이는 것을 싫어하는 아이라면 이렇게

대체로 공부 잘하는 아이들일수록 굉장히 꼼꼼하게 공부 계획을 세웁니다. 저 역시 그간 최상위권 학생들이 빼곡하게 적은 학습 플래너를 보고 깜짝 놀란 적이 많았습니다. 하지만 플래너를 따로 작성하지 않는 편이 더 효율적이라는 아이도 간혹 있습니다. 저와 2년간 공부했던 지훈이는 계획을 세우고 지키지 못해 스트레스를 받는 성격이었습니다. 그런 자신의 성격을 잘 알았기에 하루 혹은 일주일 단위로 계획을 세우는 대신 수능 시간표에 맞춰 공부했습니다. 수능 1~2교시 시간에는 국어, 3~4교시 시간에는 수학, 점심

먹고 난 후에는 영어와 과학을 공부했습니다. 학원에 가는 날에는 예습을 하고 학원이 끝난 다음에는 12시까지 그날 배운 내용을 복습했습니다. 학원에 가지 않는 날은 그날 공부하고 싶은 과목을 공부했고요.

단, 매일 하루 단위로 공부 계획을 세운 것은 아니지만 공부 목표는 분명히 세워두었습니다. 예를 들어 '이번 한국사 시험은 지난 시험보다 어렵게 나온다고 하니 노트 정리를 한 주 일찍 하자' 혹은 '5월까지는 이 문제집을 풀고 6월에는 모의고사 오답 정리를 하자' 등 머릿속에 공부 방향을 세워두었습니다.

기질에 따라 꼼꼼하게 계획 세우는 것을 답답해하거나 스트레스로 여기는 아이들이 있습니다. 그럴 때는 큰 목표를 세우고 그 목표를 염두에 두면서 매일 조금씩 다르게 학습 방향을 설정하는 편이 더 나을 수도 있습니다. 어느 쪽이 되었든 중요한 것은 아이에게 맞는 방식으로 최고의 효율을 가져다줄 계획을 세우는 것이니까요.

슬기로운 학원 생활을 돕는
4가지 공부 습관

현실적으로 사교육을 받지 않을 수는 없어서, 자녀에게 어떤 사교육이 잘 맞는지 고민하는 학부모님도 계실 겁니다. 여기서는 사교육을 100퍼센트 활용하는 방법을 알려드리고자 합니다. 먼저 사교육 방식에 따라 과외와 학원으로 나눌 수 있습니다. 과외는 단기간에 부족한 부분을 채울 때나 시간 낭비 없이 필요한 부분만 배우고 싶을 때 가장 좋습니다. 시간과 장소, 그리고 수업 난이도를 내 아이에게 세세하게 맞출 수 있다는 것도 큰 장점입니다. 코로나19 이후 온라인 수업이 대중화되면서 과외도 비대면으로 하는 경우가 많아졌습니다. 도저히 시간을 낼 수 없어 새벽 5시에 비대면으로 과외를 하는 경우도 있고요. 이처럼 과외는 커리큘럼은 물론 시간과 장소를 학생에게 맞출 수 있다는 장점이 있는 대신 경제적 부담이 큽니다.

한편 학원의 대규모 강의는 교재나 강의의 질은 어느 정도 검증되어 있고, 과목별로 필요한 강의만 골라 들으며 스스로 공부할 수만 있다면 1인 과외나 팀 수업에 비해 경제적입니다. 초등학생이나 중학생 때는 학원에서 한 반에 많아야 20명 남짓이고 10명 내외로 수업을 듣는 경우가 많습니다. 하지만 본격적으로 고등학교를 준비하는 중3 여름방학부터는 100명 넘는 대규모 강의가 빈번해지며, 고등학생이 되면 한 강의실에서 200명 넘게 수업을 받기도 합니다. 그러다 보니 부모님 입장에서는 아이가 그런 대규모 강의 잘 적응할 수 있을지, 학원 전기세만 내주고 오는 건 아닌지 걱정하시기도 합니다.

대규모 강의 체제에서는 강사가 학생 한 명 한 명을 신경 쓸 수 없기 때문에 아이가 수업에 집중하지 못하면 가방만 들고 왔다 갔다 하는 꼴이 되는 것이 사실입니다. 하지만 모든 과목에서 1:1로 과외를 받을 수 있는 상황이 아니라면 대규모 강의의 장단점을 활용해 빨리 내 것으로 만드는 편이 유리합니다. 지금부터는 학원 수업을 온전히 자기 것으로 만드는 네 가지 공부 습관을 알려드리겠습니다.

무조건 앞자리 사수하기

100명 넘는 학생들과 한 자리에서 수업하다 보면 공부 습관이 잘 잡힌 친구들이 눈에 띕니다. 그런 학생들의 가장 큰 특징이 언제나 남보다 1시간씩 일찍 와서 앞자리에 앉는다는 점입니다. 앞자리의 장점은 무엇일까요? 뒤에 있는 몇백 명이 보이지 않으니 대규모 강의를 듣는 것 같은 느낌이 덜합니다. 다른 학생들한테 불필요하게 신경 쓸 일이 줄어들고 내 앞에 있는 선생님만 보이기 때문에 온전히 집중하기 좋습니다.

학생 입장에서는 '수백 명이 듣는 수업이니 선생님이 나를 기억 못하겠지?'라고 생각하지만 전혀 그렇지 않습니다. 강사들은 앞쪽에 앉아서 열심히 수업에 집중하는 학생은 '무조건' 기억합니다. 그래서 쉬는 시간이나 수업이 끝나고 학생이 질문하기 위해 찾아왔을 때 기특한 마음이 들 수밖에 없습니다. 그러다 보면 선생님과 친해져 1:1 과외처럼 모르는 내용을 좀 더 편하게 질문하는 것은 물론, 고민 상담도 언제든지 할 수 있습니다. 선생님 입장에서는 '내 수업을 앞자리에서 이렇게 열심히 듣는 친구인데 그 어떤 것도 못해주랴'라는 심리가 발동하기 때문입니다. 저뿐만 아니라 다른 선생님들도 같은 생각일 겁니다.

나만의 소화 시간 충분히 갖기

요즘 아이들은 초등학생 때부터 엄마가 짜주는 스케줄대로 학원에 다닙니다. 방학 때는 일주일 내내 공부 계획이 빽빽이 적힌 시간표를 볼 수 있는 것도 놀랄 일은 아니지요. 이렇게 초등 시기부터 좋다는 학원을 열심히 다니는데 대체 왜 원하는 성적이 안 나올까요? 여러 이유가 있겠지만, 주요한 이유 중 하나가 학원에서 수업 듣는 시간을 '본인이 공부한 시간'으로 착각하기 때문입니다.

　수업을 듣는다는 것은 모르는 내용을 배우고 선생님이

알고 있는 지식을 전달받는 시간이지, 학생이 직접 그 내용을 머릿속에 넣으려고 노력하는 시간이 아닙니다. 엄밀히 말하면 수업은 그냥 수업이고 스스로 공부하는 시간은 아니지요. 그런데 학생은 물론 부모님도 이 두 가지를 같은 것으로 착각하는 경우가 많습니다. 이런 경향은 중하위권 학생일수록 두드러집니다.

음식을 먹기만 한다고 키가 크고 살이 찌는 것은 아닙니다. 아무리 영양가 높은 음식을 많이 먹어도 소화하고 흡수하지 못하면 몸에 쌓이지 않고 그대로 빠져나갑니다. 공부도 마찬가지입니다. 학교든 학원이든 수업을 듣고 나면 반드시 자기 것으로 소화하는 시간이 필요합니다. 학원 스케줄을 짤 때 배운 내용을 아이가 복습하고 자기 것으로 만들 시간이 충분한지 생각하셔야 합니다. 학원 수업으로 꽉꽉 채워 넣기만 한다고 해서 저절로 좋은 성적을 받는 것이 결코 아닙니다.

'수업 직후' 알차게 활용하기

아무리 바쁜 일타 강사라도 수업이 끝나면 질문 받을 시간은 있습니다. 공부 잘하는 학생들은 수업이 끝난 직후를 적극적으로 활용합니다. 일단 수업 후 남아서 질문을 하려면 뭘 알아야 하지요. 수업에 집중했든, 혹은 지난번에 내준 숙제를 열심히 했든 자신이 지금 무엇을 이해하지 못하는지 파악하고, 다시 한번 생각해보고, 그런데도 모르면 질문하는 과정을 거칩니다.

간혹 모르는 내용이 있어도 '질문하기엔 너무 쉬운 내용 아닐까' 하는 생각에 창피해하는 학생도 있습니다. 그럴 때는 선생님께 일단 아무것이나 질문하면 됩니다. 무서울 것도 없고 손해 볼 것도 없습니다. 선생님 입장에서 수업을 열심히 듣고 이해가 안 되는 부분을 질문하는 학생만큼 어여쁜 제자는 없습니다. 질문을 던지면 선생님과 친해질 가능성이 높아지고, 그럴수록 점점 공부를 잘하고 싶은 마음이 생깁니다. 더 좋은 질문을 하기 위해 공부하다가 저절로 실력이 쌓이고요.

특히 초등 시기에는 학원 가는 게 즐거워야 열심히 공부할 마음이 생깁니다. 그러다 보니 학원의 인지도보다 선생님과의 관계가 아이의 실력 향상에 더 도움이 되는 경우가 많고요. 다시 강조하지만 질문은 선생님과 좋은 관계를 맺는 첫걸음입니다.

대치동 전교권의 백지 공부법

학원에서 배운 내용을 어떻게 해야 머릿속에 그대로 집어넣을 수 있을까요? 최상위권 선배들이 추천하는 방법 중 하나가 '백지 공부법'입니다. 예를 들어 3시간 동안 생물 수업을 들었다고 하면, 집에 가서 종이에 오늘 배운 내용을 자세히 써보는 겁니다. 백지에 써보면 자신이 무엇을 이해하고 무엇을 놓쳤는지 명확히 알 수 있습니다.

처음에는 당연히 쓸 수 있는 내용이 턱없이 모자랄 겁니다. 배운 내용을 아직 내 것으로 온전하게 소화하지 못했기 때문이지요. 이제 책을 펴서 자신이 기억하지 못한 내용, 제대로 쓰지 못한 내용을 다시 살펴보며 파란 펜으로 종이에 적어봅니다. 이렇게 처음부터 끝까지 종이에 쓰면서 머릿속으로 이해해보려 합니다. 그런 다음 새 종이를 꺼내 배운 내용을 다시 한번 써봅니다. 이렇게 하면 맨 처음에 적었을 때보다는 파란 펜으로 채워야 할 부분이 적어질 겁니다. 그래도 여전히 내 것이 되지 않은 내용, 기억하지 못하는 내용이 나오기 마련입니다. 모든 수업 내용을 완벽하게 쓸 수 있을 때까지 다시 살펴보고 파란 펜으로 채우는 과정을 반복하면 잊어버릴 수가 없습니다.

암기는 학습의 기본입니다. 하지만 단순히 여러 번 읽는다고 머릿속에 자동으로 저장되지는 않습니다. 뼛속까지 이해되어야 암기도 잘 되고요. 백지 공부법은 단순히 암기하는 것을 넘어 내용을 깊이 이해하고 내 것으로 만드는 과정입니다. 이 방법은 모든 과목에 적용할 수 있으며 특히 어려운 과목일수록 효과적입니다. 열심히 배운 내용을 고스란히 머릿속에 집어넣고 싶다면 백지 공부법을 활용해보시기 바랍니다.

결국 해내는
아이들에게는
3가지가 있습니다

초등부터 쌓아온
탄탄한 기본기

영어 유치원에 다녔는데 왜 해석이 안 될까

저는 아주 오랫동안 고등학생만 가르치다가 몇 년 전부터는 예비 고 1, 그러니까 중 3 학생들도 가르치고 있습니다. 사실 중 3 학생들을 가르치게 된 계기가 있습니다. 언젠가부터 고 1 학생들을 가르치다가 생각보다 부족한 영어 실력에 깜짝 놀랄 때가 많았습니다. 다른 곳도 아닌 대치동에서, 영어 유치원에 다니는 등 어릴 때부터 영어를 접했는데도 수능 모의고사 지문 하나를 막힘없이 술술 해석하는 학생이 생각보다 많지 않았습니다. 심지어 단어 수준이 초등학교 고학년 수준에 멈춰 간단한 문장 하나를 해석하지 못하는 학생도 있었지요. 그런데 신기한 것이 답은 맞힙니다. 어떻게? 감으로 맞히는 겁니다. 물론 언어에서는 감도 실력의 하나이지만 시험문제를 풀 때는 다른 이야기입니다.

영어 공부를 시작하는 나이는 점점 낮아지는데 해가 갈수록 실력이 안 좋은 아이들이 늘어나는 이유가 대체 무엇인지 궁금했습니다. 그렇게 아이들에게 이것저것 물어보다가 수학에 집중하느라 중학교 때 2~3년간 영어 공부를 전혀 하지 않는 현실을 알게 되었지요. 공부할 시간과 에너지는 한정되어 있으니 특정 과목에 집중하려면 그만큼 다른 과목에 할애할 시간을 빼앗아 와야 합니다. 초등 시기 수학에 '올인'하고 영어를 손에서 놓아버리면 영어 실력은 그만큼 뒷걸음칠 수밖에 없습니다.

그런데 이 중요한 시기에 2~3년간 생긴 공백을 나중에 채우려면 얼마나 열심히 달려야 할까요? 4~5개월간 매일같이 영어만 파고든다면 가능하지만 현실적으로 이 중요한 시기에 영어에만 매진할 수 있는 학생이 얼마나 될까요?

반면 중학교 때 영어를 손에서 놓지 않은 친구들, 주 1회라도 꾸준히 학원에 다니거나 혼자서 수능 지문이라도 풀어본 아이들은 다릅니다. 단어도, 독해도, 문법도 어느 정도 기본기를 갖춘 상태에서 중 3 겨울방학을 맞이합니다. 이렇게 80퍼센트가량이라도 기본기가 있는 상태에서 고등 내신 수준에 맞춰 강도 높게 훈련하면 내신 1등급을 기대할 수 있습니다. 기본기를 잘 다지고 올라온 아이들은 필요할 때 속도를 낼 수 있지만, 여기저기 구멍이 난 상태로 올라온 아이들은 그걸 메우느라 시작부터 수월하지 않습니다.

몇 해 전, 150명이 앉아 있는 큰 강의실에서 유독 눈에 들어오는 남학생이 있었습니다. 3시간 동안 진행되는 수업 시간 내내 한 번도 고개를 숙이지 않고 제게 집중하는데, 어찌나 허리를 꼿꼿이 펴고 열심히 듣는지 뒷자리에 앉아 있었는데도 그 학생밖에 보이지 않더군요. 몇 번 보다 보니 이 학생에게 관심이 생겼습니다. 그러던 어느 날, 이 친구가 매일 치르는 시험을 통과하지 못해 나머지 공부를 하고 있는 것을 보고 말을 걸었습니다.

"항상 열심히 하던데 오늘은 조금 어려웠나 보구나?"

"네, 사실 어제 배운 부분은 집에 가서 복습했는데도 도무지 모르겠더라고요."

알고 보니 이 친구 역시 영재고를 준비하는 동안 수학에만 집중하고 영어는 전혀 공부하지 않았다고 했습니다.

"영재고에 떨어져서 이제부터라도 일반고 내신을 본격적으로 준비하려고 선생님 수업을 듣고 있는데, 무슨 말인지 못 알아들을 때가 많아요. 선생님, 저 일반고 가서 잘할 수 있게 도와주세요."

그동안의 공백을 따라잡기 위해 최선을 다해 공부하고 있는데 잘 안 된다며 도와달라는 것이었습니다. 1년에 수천 명의 학생을 만나지만 저에게 '도와주세요'라는 말을 직접적으로 하는 학생은 한두 명도 안 됩니다. 때문에 이 학생의 말을 듣고 내심 놀랐습니다. 게다가 영재고에 떨어지고 그 충격에 중학교 3학년 겨울방학을 통째로 날리는 학생들도 적지 않은데, 이 친구는 바로 정신을 차리고 다시 공부를 시작했다니 기특하기도 했지요.

그날부터 종강 때까지 두 달간 수업 후 그 학생을 제 옆자리에 앉혔습니다. 헷갈리는 부분, 이해가 안 되는 부분은 하나도 빠지지 말고 적어두었다가 질문하게 했습니다. 학생이 공부하는 모습을 보니 영어 공부를 어떻게 할지조차 요령이 없는 상태라 다음 수업에 오기 전까지 공부해야 할 분량과 시간까지 상세히 적어주었지요. 그렇게 차근차근 함께 공부한 결과, 마지막 테스트에서 90점을 쉽게 넘었습니다. 겨울방학 동안 그 누구보다 뜨겁게 영어에 시간을 쏟아부은 결과였습니다.

기본기 차이에서 달라지는 공부 효율

요즘 고등 내신 영어 시험은 교과서에서만 출제되지 않습니다. 공부 좀 하는 아이들이 모여 있는 학군지에서는 대부분의 학교가 교과서 외에 부교재를 가지고 수업하고요. 강남 지역 학교들 중에서도 유난히 영어 시험이 어렵기로 유명한 J여고의 경우 부교재 양이 상당히 많습니다. 약 60개 지문이 추가되는데, 이 60개 지문을 첫 줄부터 끝까지 완벽히 외우는 것은 기본이고, 지문에 나오는 모든 문법을 제대로 숙지하고 있어야만 시험문제를 풀 수 있지요. 한번 훑어보는 것만도 벅찬 양인데 다른 과목도 공부해야 하니 결코 만만치 않습니다.

중학교 마지막 겨울방학 때 문법이라도 제대로 정리하

고 온 아이들은 그나마 수월합니다. 하지만 기본적인 문법이나 단어가 안 된 상태로 고등학교에 올라온 아이들은 지문을 해석하는 것도 부담스러워합니다. 단어 뜻도 모르고 문장 해석이 안 되는데, 거기다 문법까지 공부하려니 공부양이 어마어마해집니다.

내신 등급이 1점대인 아이들, 전교 석차가 한 자릿수에 드는 학생들은 누가 시키지 않아도 영어 지문을 거의 다 암기할 정도로 꼼꼼하고 밀도 있게 공부합니다. 한 문제로 원하는 대학에 합격하느냐 마느냐가 결정될 수도 있기 때문에, 상위권일수록 단 한 문제도 틀릴 수 없다는 비장함을 가지고 시험공부에 임할 수밖에 없습니다. 그런데 상위권 학생들을 보면 지문을 억지로 외우지 않습니다. 암기를 위한 암기가 아닌, 여러 번 반복해서 읽는 과정을 통해 자연스럽게 암기합니다. 이렇게 반복해서 읽으면 공부의 깊이감이 달라집니다. 지문 내용을 완벽히 기억하는 것은 물론, 사소한 문법 요소까지 빠뜨리지 않고 입체적으로 머릿속에 저장합니다.

요즘은 내신 등급 경쟁이 워낙 치열하다 보니 꼭 최상위권이 아닌 아이들도 영어 시험에 대비할 때는 일단 지문을 외우겠다고 생각합니다. 그런데 기본기가 있는 학생이 지문을 외우는 것과 그렇지 않은 학생이 지문을 외우는 것은 효율성 면에서 하늘과 땅 차이입니다. 냉정하게 말해 기본기가 없는 학생은 아무리 애를 써도 제대로 외울 수가 없습니다. '이해'해서 외운 것이 아니니까요. 당장은 외워지는 것 같지만 금세 잊어버릴 확률이 높습니다. 반면 기본기가 있는 학생은 어릴 때부터 독해를 많이 해왔기 때문에 지문을 읽자마자 구조를 파악하고 내용을 이해하는 것이 자연스럽습니다. 무작정 외우는 것이 아니라 짜임새 있게 이해하고 외우니 머리에서 빠져나가지 않습니다.

영어만이 아니라 모든 공부가 그렇습니다. 탄탄한 기본기 위에 차곡차곡 쌓아 올려야 흔들림 없는 진짜 실력이 됩니다. 고등학교에 올라와서 마주하는 방대한 공부량에 무너지지 않고 진짜 실력을 쌓아가기 위해서는 초등 시기부터 균형 잡힌 기본기가 필수입니다. 기본기를 잘 다진 학생들은 같은 내용을 공부하더라도 훨씬 효율적으로, 더 적은 시간을 들여 완성도 높게 해낼 수 있습니다.

남들만큼 쫓아가느냐, 얼마나 빠르게 치고 나가느냐도 중요하지만 지금 배우는 내용을 제대로 이해하는가도 매우 중요합니다. 따라서 초등 시기부터 어떤 과목이든 기본기를 탄탄하게 쌓도록 지도해주세요. 그러다가 고등학교 입학 직전인 중 3 겨울방학에는 마지막으로 부족한 부분을 보완해서 밑바탕을 완벽하게 다져놓아야 합니다. 이렇게 준비된 학생들은 고등학교에서도 안정적으로 높은 성적을 유지하며 더 높은 목표를 향해 달려갈 수 있습니다.

어른도 감탄하는
성실함

머리는 좋은데 엉덩이가 가벼울 때

머리 좋은 아이들 중에 성실함이나 꾸준함이 상대적으로 떨어지는 아이들이 의외로 많습니다. 어렸을 때부터 크게 노력하지 않아도 배운 내용이 머리에 들어오고, 들인 노력에 비해 얻는 점수도 높은 편입니다. 그러다 보니 남들처럼 티 나게 공부하지 않아도 상위권을 유지하기 쉬운 경우입니다.

중학교 때까지는 이렇게 머리로만 승부하는 것이 어느

정도 통합니다. 아직까지는 학습 분량이 적은 편이고, 조금만 시간을 투입해도 이해할 수 있는 정도라 머리만 좋으면 높은 성적을 받을 수 있기 때문입니다. 그러나 고등학교 때부터는 상황이 달라집니다. 내신 1등급을 받으려면 대부분의 과목을 1부터 100까지 빠짐없이 알고 있어야 하니 머리만 믿었다가는 낭패를 보기 쉽습니다. 수학이나 과학처럼 이해가 중요한 과목도 있지만, 이런 과목도 성실함 없이는 공부량을 절대 따라잡을 수 없지요. 하물며 국어나 영어, 한국사 같은 과목은 오죽할까요. <u>기본적으로 성실하지 않으면 아무리 머리가 좋아도 고등 내신에서 3등급도 받기 어렵습니다.</u>

그러다 보니 자신의 머리만 믿어온 아이들은 고등학교 첫 중간고사를 치른 후 난생처음 보는 점수와 등급을 받고 겸손해지거나 내심 충격을 받기도 합니다. 이때 정신을 차리고 성실한 태도를 갖추어 앞으로 나아가면 좋을 텐데, 꾸준히 무언가를 하는 습관이 들지 않았기 때문에 쉽지 않아 고민하는 경우가 적지 않습니다.

학년이 올라갈수록 머리가 좋고 나쁨은 성적을 결정짓는 변수가 되지 않습니다. 두뇌가 뛰어나면 좋겠지만 내신 성적을 결정짓는 것은 성실함과 기본기입니다. 이 두 가지를 모두 갖춘 아이들이 보통 각 학교에서 '전교권'이라 불리지요.

전교권, 그러니까 전교 석차 30등 안에 드는 학생들 얼굴에는 '성실'이라고 쓰여 있습니다. 학생들을 가르치다 보면 하루에도 몇 명씩 개인 사정으로 수업을 빠진다는 연락을 받는데, 전교권 아이들에게는 결석이란 게 아예 없습니다. 물론 지각도 없지요. 숙제를 하지 않고 수업에 들어오는 전교권 학생 역시 한 번도 본 적이 없습니다. 언제나 일찍 와서 앞자리를 맡고 바른 자세로 앉아 3시간 수업 내내 무섭게 집중합니다. 강의에 몰두한 표정과 반짝이는 눈동자에는 어른도 감탄할 만큼 진지함이 묻어납니다. 수업이 끝난 후에는 수업 중에 이해하지 못한 내용을 반드시 질문하러 오고요. 그날 배운 건 그날 이해하려고 애쓰는 모습이 전교권 아이들의 공통점입니다.

제가 관찰해본 결과 이런 성실함은 어느 정도 타고납니다. 성실함의 DNA가 존재하는 것 같기도 합니다. 사실 이런 기질은 아기일 때부터 확연히 드러납니다. 돌 무렵부터 엉덩이가 가벼워 한시도 가만있지 못하는 아이가 있는가

하면, 한자리에 앉아서 몇 시간 동안 레고를 쌓고 부수기를 반복하는 아이도 있으니까요. 성실함을 타고난 아이는 학교에 다녀온 후 엄마가 시키지 않아도 숙제부터 해치우고 가방까지 완벽하게 싸놓습니다. 이 아이들은 숙제를 다 하지 않고 노는 것, 혹은 그저 시간 되면 학원에 가서 앉아 있다 오는 것을 용납하지 못합니다. 이는 단순히 부모의 강요나 압박 때문이 아니라, 본인 스스로가 느끼는 책임감과 성실함이 작동하기 때문입니다.

성실함도 키워줄 수 있습니다

하지만 우리 아이가 성실함이 떨어지는 것 같다고 낙담할 필요는 없습니다. 어렸을 때 없던 성실함은 자라면서 본받을 만한 친구나 긍정적인 환경을 접하면 형성될 수 있습니다. 아이들은 좋아하는 선생님을 만났을 때, 친한 친구의 좋은 면을 닮고 싶을 때 변합니다. 초등학교 6학년 때 만나 친해진 친구를 따라다니면서 공부하다 보니 서울대에 갔다는 학생도 있습니다. 고등학교 때 친해진 친구들을 따라다니며 자연스럽게 공부를 하게 되었고, 그 친구들이 대학 가서 놀 때 자기만 재수할 수 없다는 생각에 미친 듯이 공부했다는 학생도 있습니다.

나도 잘하고 싶다는 마음이 생기는 순간, 그리고 배울 점이 있는 친구와 가까이하는 순간 발전이 이루어집니다. 이처럼 성실함은 타고나는 것이라고 하지만, 환경과 주변 사람들의 영향을 크게 받습니다.

학원 수업에서도 마찬가지입니다. 실력이 부족한 아이는 잘하는 친구를 보고 배우고, 잘하는 아이도 자신보다 더 뛰어난 친구를 보며 좋은 점을 배울 수 있습니다. 학원 수업 때 각 학교의 전교권 아이들이 일찍 와서 맨 앞에 자리를 잡으면, 바로 뒤에 앉는 30여 명의 학생들은 이런 최상위권과 비슷해지려고 노력하며 발전하는 그룹입니다. 맨 앞자리 친구들을 보며 자극받고, 나도 잘하고 싶다는 마음을 가지면서 성실함을 키워나갑니다.

부모님도 얼마든지 자녀의 성실함을 길러줄 수 있습니다. 성실한 태도를 기르고 싶다면 출석부터 제대로 하는 습관을 들여야 합니다. 초등학생 때는 친구들과 더 놀고 싶어서, 혹은 숙제를 안 해서, 컨디션이 안 좋아서 등의 이유를 대며 학원을 빠지고 싶어 합니다. 이때 마음이 약해진 어머니들이 "그럼, 오늘만이야"라고 결석을 허락하는 경우가 종종 있는데, 이렇게 사소한 이유로 결석하는 것은 지양해야 합니다. 학원에서 결석한 수업 내용을 동영상 강의로 볼 수 있게 해주기도 하지만, 이 역시 절대로 허락하지 마세요. 누가 봐도 정말 아파서 쉬어야 할 몸 상태가 아니라면 반드시 학원에 가서 현장 강의를 듣게 해야 합니다. '한두 번은 괜찮겠지'라는 마음이 아이를 나태하게 만듭니다.

아이가 "엄마, 나 배가 아픈 것 같아요. 오늘 학원 쉬면 안 돼요?"라고 말하는 데는 이유가 있습니다. 첫째, 숙제를 안 했거나 덜한 경우입니다. 학교든 학원이든 숙제를 다 하는 것 자체가 성실함을 갈고닦는 훈련입니다. 두 번째는 공부를 덜해서 시험을 못 볼 것 같다는 이유입니다. 대부분의 학원들이 그날 테스트를 못 보면 재시험을 봐서 통과해야 합니다. 학원은 학원에서 치르는 시험을 잘 보려고 가는 곳이 아닙니다. 학원에 가서 시험 못 봐도 괜찮습니다. 부족한 부분을 채우는 것이 목적이니까요. 그러니 아이가 가기 싫어한다고, 공부를 안 해서 좋지 않은 성적을 받을 게 빤히 보이더라도 회피하지 않게 해야 합니다.

아주 뛰어난 소수를 제외하면 아이들의 타고난 머리는 엇비슷합니다. 결국 한 끗을 가르는 차이는 '공부를 대하는 태도'라고 할 수 있습니다. 그러니 어릴 때부터 성실함이 몸에 밸 수 있도록 지도해주세요. 아무것도 아닌 것 같았던 성실함이 빛을 발할 날이 반드시 옵니다.

부족함을
채우는 투지

성적 올리는 최고의 원동력 '공부 욕심'

"아이가 마음 잡고 공부하려면 부모 한 명이 죽어야 된다는
이야기 아세요?"

예전에 상담하러 온 어머니가 자녀가 공부에 대한 독기
가 도통 없다며 하신 말씀입니다. 다소 극단적인 표현이기
는 하지만, 그 정도 충격은 받아야 아이들이 공부할 마음을
먹는다며 어머니들이 한탄하시는 말이지요. 부족한 것 없이
키웠더니 무언가를 하고 싶다는 의지도, 되고 싶다는 의욕

이 없다고 하소연하시는 부모님들이 많습니다.

공부하고 싶어 하는 마음을 부르는 전제가 바로 '공부 욕심'입니다. 공부 잘하는 아이일수록 공부 욕심이 각인되어 있습니다. 좋은 성적으로 친구들 사이에서 부러움의 눈빛을 받는 것을 즐겨서든, 부모님이나 선생님 등 어른들에게 칭찬받는 것을 즐겨서든, 이 아이들에게는 공부를 '잘하고 싶다'는 마음이 강렬합니다. 공부 욕심은 긍정적으로만 활용하면 큰 에너지로 작용합니다. 부족한 성실함이나 다소 떨어진 학습 능력을 채울 수 있는 투지가 되기도 하지요.

유민이는 고 2 때까지 내신 평균이 2점대였습니다. 대치동에서 나쁘지 않은 성적이지만 최상위권이라고는 할 수 없었지요. 스스로도 서울대까지는 기대하지 않았는데, 3학년에 올라가기 전 입시 설명회에 다녀온 어머니가 서울대 치대를 목표로 삼아보자고 하셨습니다.

'서울대 치대? 내가 해낼 수 있을까?'

고등학교 3년간의 내신을 반영할 때 3학년 성적이 차지하는 비중이 가장 크니 유민이가 3학년 1학기 내신 등급을 1.0 가깝게 받으면 가능할 것 같다는 계산이었지요. 내신 평균 1.0은 바늘구멍만큼 좁디좁은 길입니다.

결코 쉽지 않을 듯했지만 유민이는 죽기 살기로 3학년 1학기를 보내보자고 마음먹었습니다. 그 첫걸음이 공부 시간을 늘리는 것이었지요. 독서실에서 나올 때 타이머를 켜놓고 집에 도착해 다시 공부를 시작할 때까지 걸리는 시간을 계산했습니다. 그리고 이 시간을 최소화하기 위해 애썼지요. 샤워할 때 타이머를 맞춰놓고 딱 10분 만에 번개같이 씻었고, 머리는 묶을 수 있을 정도로만 남기고 잘라서 머리 말리는 시간까지 줄였습니다.

한편 주말이면 도서관 책상에 '나는 오늘 12시간 공부를 할 것이다. 이걸 성공하면 평균 등급이 0.1 오른다'라고 써붙이고 잠자는 시간을 제외한 모든 시간을 온전히 공부에 투입했습니다. 이렇게 시간을 아껴 쓰며 공부한 끝에 유민이는 3학년 1학기 내신 등급에서 1.1점을 얻었습니다.

"선생님, 저 서울대 치대 붙었어요!"

마침내 유민이는 목표한 대로 서울대 치대에 골인했습니다. 해내고야 말겠다는 강력한 투지가 바늘구멍처럼 좁은 문을 통과하게 해준 것입니다.

중·하위권의 공부 욕심, 어떻게 높일까

공부에 별 흥미가 없는 아이가 공부 욕심을 내기 위해서는 전제되어야 할 것이 있습니다. 딱 한 번이라도 좋으니 무엇이든 좋은 결과를 얻는 경험이 중요합니다. 성적이 잘 나와 부모님에게든 선생님에게든 칭찬을 들으면 그 칭찬이 듣기 좋아서 계속 공부하고 싶어집니다. 그러면 성적이 오르고 더욱 신나서 공부를 하게 되지요. 칭찬의 선순환입니다.

칭찬의 대상은 꼭 거창해야만 하는 것이 아닙니다. 학원 단어 시험이 될 수도 있고, 경시대회가 될 수도 있고, 단원 평가나 쪽지 시험 등 어떤 것이라도 좋습니다. 한 번이라도 잘했다고 칭찬받으면 더 잘해야겠다는 투지가 생기거든요. 부모님 입장에서 눈을 크게 뜨고 찾아보면 아이가 잘하는 것을 하나쯤은 발견할 수 있습니다. 꼭 공부가 아니어도 좋으니 그게 무엇이든 크게 칭찬해주세요.

상담 때 이렇게 말씀드리면 "아무리 찾아봐도 저희 애한테는 칭찬할 거리가 없어요"라고 하소연하는 부모님들도 계십니다. 그때마다 제가 하는 이야기가 있습니다. 저는 수업이 끝나도 1시간 30분 정도는 강의실 앞에 앉아 있습니다. 아무래도 선생님이 앞에 앉아 있으면 퍼져 있던 학생들도 반듯하게 앉고 집에 가려던 학생도 한 글자라도 더 보고 가거든요.

그런데 그런 분위기에서도 '강적이다'라는 말이 나오는 학생이 있었습니다. 수업 시간에 눈만 껌벅껌벅하면서 마치 저를 풍경화 보듯이 바라보는 현수였지요. 물론 자신도 '그림처럼' 앉아 있었는데, 마음도 머리도 열지 않으니 강의 내용이 머릿속에 들어갈 리 없습니다. 당연히 성적도 좋지 않고요.

하루는 수업이 끝난 뒤 치른 시험에서 현수가 38점을 받았습니다. 재시험 대상이라 수업이 끝나고 조교들과 나머지 공부를 하는데 계속 저를 쳐다보더라고요. 저에게 뭔가 메시지를 보내는 건가 싶어 앞으로 불렀습니다. 그날따라 현수가 예쁜 핑크색 재킷을 입고 왔습니다.

"우와, 핑크색이 아무나 소화하기 힘든 색인데, 너 핑크색 정말 잘 어울린다!"

일단 칭찬을 하니 현수가 배시시 웃었습니다. 이때를 놓치지 않고 말을 이었습니다.

"스마트폰 좀 꺼내볼래? 하루에 몇 시간 보니?"

매일 8시간씩 스마트폰을 한 것으로 나왔습니다. 자는 시간을 빼면 하루의 절반에 달하는 시간입니다.

"이렇게 스마트폰만 붙들고 있고 공부는 안 하는 거 어머니가 아셔?"

"아뇨."

"그럼 선생님이 어머니한테 말씀드릴까?"

절대 안 된다고 당황하는 모습이 영락없는 아이입니다. 그러면 스마트폰 사용을 제한하는 스크린 타임을 걸자고 했더니 고개를 끄덕였습니다.

"스크린 타임 몇 시간이나 걸까?"

"음… 4시간 정도요."

"4시간이나 참을 수 있겠어?"

8시간 사용하던 아이가 4시간만 사용한다고 마음먹은 것이 기특했지만 처음부터 4시간은 무리라는 생각이 들었습니다. 기회가 온 김에 2시간으로 시도해보자고 했더니 동의해주었지요.

그렇게 매일 스마트폰에 스크린 타임을 걸던 어느 날, 현수가 수업이 끝나고 와서 오늘은 스마트폰을 1시간밖에 안 했다며 자랑 아닌 자랑을 했습니다.

"스마트폰을 1시간밖에 안 했어? 너무 잘했네! 계속 그렇게 해보자!"

이후에도 "오늘은 어려운 단어를 맞혔구나?", "오늘 입은 티셔츠 색깔이 너무 예쁘다", "오늘은 수업 시간에 선생님 보는 시간이 길어졌더라. 잘하고 있어!" 등 뭐든 눈에 보이는 대로 칭찬을 해주었습니다.

그렇게 저와 조금씩 친해지면서 수업 시간에 풍경화 보듯 칠판을 바라보던 현수의 모습이 차츰 달라졌습니다. 자세를 고쳐 앉았고, 숙제를 해 왔고, 맞히는 문제가 하나둘 늘어났습니다. 그전까지 30점대 점수를 유지하던 현수의 성적은 종강할 무렵 78점까지 상승했습니다. 그러자 이제는 현수를 지켜본 다른 아이들도 저를 찾아왔습니다. 자기 스마트폰에도 선생님이 스크린 타임을 대신 설정해주면 좋겠다고요.

공부 욕심이 없는 아이에게 "아빠 어릴 때는 사전을 씹어 먹으며 공부했어" 같은 말은 절대로 안 통합니다. 10대 아이들에게 가장 큰 동기부여가 될 수 있는 것은 또래 친구들이거든요. 100명이 넘는 학생들 앞에서 강의하다 보면 앞자리에는 저를 뚫어져라 바라보는 30~40명의 학생들이 있습니다. 한편 저 뒤쪽에는 강의실 방음벽에 뚫어진 구멍 개수를 세어보는 학생들이 있지요. 저를 보고는 있는데 집중하지 못하는 것 같은 중간쯤 앉은 30여 명의 학생들도 눈에 들어옵니다. 이 학생들에게 자극을 주는 것도 강사의 몫이라 생각해서 여러 방법을 고민하고 사용해보는데, 그중 효과가 좋은 건 이 방법이었습니다.

"애들아, 지금 자기 대각선 앞에 앉은 친구 뒤통수를 봐. 그 친구는 오늘 얼마나 공부하고 온 것 같니?"

이렇게 말하면 학생들이 앞자리에 있는 친구의 뒤통수를 요모조모 뜯어 봅니다.

"지금 그 친구가 중간고사 영어 99점 받았어."

이 말에 학생들이 자세를 바로잡습니다. 이처럼 지금 내 옆에 앉은 친구가 얼마나 집중해서 공부하고 있는지 일깨워주는 것만으로도 공부 욕심을 끌어올릴 수 있습니다.

사람마다 투지를 자극하는 계기는 다릅니다. 성적 좋은 학생들에게 공부를 열심히 하게 된 계기가 무엇인지 물어보면 각양각색입니다. 전교 2등인데 1등이 같은 반이다 보니 계속 반에서 2등 하는 것이 싫어서 더 열심히 공부하게 되었다는 아이도 있고, 형제자매가 공부를 너무 잘해서 자기도 잘하고 싶었다는 아이도 있습니다. 친구들이 모르는 게 생기면 자기한테 찾아와 물어보는 게 기분 좋았다는 아이도 있었고요. "학교 성적이 곧 권력이었어요"라고 매우 솔직하게 대답한 아이도 있었습니다. 성적이 좋은 자신을 보는 다른 아이들의 부러움 섞인 눈빛을 한번 경험하고 나니 계속해서 잘하고 싶은 욕심이 생겼다고 했습니다.

가장 많이 나온 대답은 '공부 잘하는 아이라는 칭찬이 좋았다'였습니다. 단 5점이라도 점수가 오르니 칭찬을 듣고, 그 칭찬이 좋아서 열심히 하다가 성적이 올라 또다시 칭찬받는 식으로 말이지요. 이 선순환 덕에 어느새 최상위권이 되어 있었다고 하는 아이들이 많았습니다.

공부가 싫다는 아이들 중에는 성적이 올랐을 때 경험하는 기쁨을 느끼지 못한 경우도 많습니다. 그러니 사소한 시험이라도 성적이 올랐다면 칭찬을 많이 해주세요. 노력하면 공부를 잘할 수 있다는 기대감, 성적이 올랐을 때 달라진 주변 시선은 아이를 더욱 성장시킵니다.

기본기, 성실함, 투지. 이 세 가지를 다 갖추어야 험난한 입시 레이스에서 지치지 않고 끝까지 달려갈 수 있습니다. 우리 아이에게는 이 세 가지 중에 무엇이 있고 무엇이 없는지 살펴봐주세요. 한 살이라도 어릴 때 부족한 부분을 채울 수 있도록 이끌어준다면, 부모님도 미처 몰랐던 아이의 잠재력이 발현하는 모습을 보실 수 있을 겁니다.

국어 1등급을 만드는 대치동 무적의 솔루션

국어 실력을 키우는
가장 확실한 방법

점점 앞당겨지는 국어 공부 출발선

국어는 수학과 영어에 가려 그동안 그다지 주목받지 못한
과목이었습니다. 한국인이라면 누구나 일상에서 국어를 사
용하니 따로 공부할 필요를 느끼는 경우가 별로 없었기 때
문이지요. 하지만 최근 초등 및 미취학 자녀를 둔 부모님들
사이에서 국어 사교육이 필수로 여겨지고 있습니다. 심지어
아직 걸음마도 떼지 못한 자녀를 위해 수십 권에 달하는 유
아 전집을 미리 사둘 만큼 국어를 '학습'으로 인식하고 접근

하는 연령대가 빠르게 낮아지고 있습니다.

이런 분위기가 조성되는 이유는 문해력이 떨어지면 어른이 되어서도 각종 업무 평가에서 불이익을 당하고 사회생활이 어렵다는 이야기가 돌 만큼 문해력이 사회적 이슈로 떠오르고 있기 때문입니다. 게다가 2018년 이후 수능에서 영어가 절대평가 체제로 바뀌면서 상대평가하는 국어와 수학의 중요성이 부각되고 있습니다. 여기에 2023년 10월 정부가 2028년 대입 개편안을 발표하면서 논술고사의 비중이 다시 확대되는 것이 아니냐는 분석도 등장하고 있고요. 이처럼 수능과는 한참 거리가 먼 어린 자녀를 둔 학부모들까지 국어 실력에 신경 쓸 수밖에 없는 것이 현실입니다.

그래서인지 어머니들 사이에서 우스갯소리처럼 도는 말이 '고등학교 때 국어 성적을 올리려면 집 한 채는 팔아야 한다'는 것입니다. 그만큼 국어 실력은 오랜 시간에 걸쳐 쌓여가는 것이라 단기간에 성적을 올리기 어렵다는 자조 섞인 말이지요.

요즘 대치동의 국어 공부 트렌드

대치동에서는 자녀가 7세 정도 되면 독서 논술 학원에 보내는 어머니들이 많습니다. 일주일에 한 번씩 학원에서 다양한 책을 읽고 짧은 글을 써보게 하는 것이지요. 책을 좋아하는 아이라도 집에서보다 다양한 독후 활동을 할 수 있기에 책 읽기 효과를 높이려고 보내는 어머니도 계십니다. 아이 수준에 맞는 재미있는 책을 읽게 하고는 싶지만 무엇을 어떻게 해야 할지 막막해하는 부모님들이 많은데, 학원에서는 체계적인 커리큘럼에 따라 다채로운 분야의 책을 읽게 하거든요.

이런 이유로 대치동에서는 7세에서 초등 저학년 때는 문예원이나 논술화랑, 지혜의숲에 다니는 아이들이 많고, 고학년이 되면 MSC나 CNA논술 등을 많이 다닙니다. 이 중 문예원은 대치동을 비롯해 강남 학부모들 사이에서 '임신할 때부터 예약해야 한다'는 말이 나올 정도로 인기가 많습니다. 방학 동안 책 100권 읽기 등 재미있게 책을 읽을 수 있는 여러 프로그램을 운영합니다.

MSC에서는 입학할 때 뇌 인지 행동 유형 검사와 다요인

지능검사를 실시합니다. 이 두 가지 테스트는 어머니들에게 각광받고 있는데, 자녀 성향이나 재능에 대해 헷갈리던 부분을 테스트 결과를 통해 정리해주기 때문입니다. 아이가 자라면서 달라질 가능성과 아직 발현하지 않은 잠재력 등이 있다는 점을 고려하면 결정적인 것은 아니겠지만, 아이 성향과 재능을 분석하고 이에 맞는 커리큘럼으로 진행하는 것에 대해 학부모들의 만족도가 높은 편입니다. 논술화랑은 쓰기 활동을 중요하게 생각해서 원고지에 직접 글을 써보는 수업을 진행합니다.

CNA논술의 경우 책을 읽고 관련된 활동을 하는 워크북이 알차기로 유명합니다. 사고력을 키워주는 주제가 많은데다 글쓰기도 배울 수 있어 평이 좋고요. 이처럼 미취학 아동부터 초등 저학년 대상의 독서 논술 학원에서는 자체적으로 선정한 추천 도서 목록에 있는 여러 책을 읽고, 자신의 생각을 말이나 글로 표현하는 활동이 이루어집니다. 여기에 더해 NIE(Newspaper In Education)라고 해서 신문을 활용한 교육을 하는 학원도 있습니다.

한편 초등학교 고학년이 되면 '활동' 중심에서 학교 수업과 직접적으로 연관된 '학습'으로 비중이 옮겨 갑니다. 대치동에서 현재 인기가 제일 많은 중등 내신 대비 학원은 지니 국어입니다. 대치동 일대 중학교에 진학할 예정인 학생들이 국어 내신에 대비한 선행 학습을 하기 위해 많이 다니며 논술, 글쓰기, 문법, 토론, 한자 성어 등 국어 교과와 관련된 거의 모든 것을 배울 수 있지요.

이 학원 역시 입학시험이 어렵기로 유명한데, 입학시험에서는 띄어쓰기, 맞춤법 같은 문법과 어휘력 등을 평가합니다. 커트라인을 통과하고 나서도 몇 달에서 길게는 1년 정도 대기해야 수업을 들을 수 있고요. 이처럼 들어가기도 어렵지만 학원 규율도 엄격해 두 번 결석하면 퇴원 조치합니다. 마치 국어 외에 다른 과목은 존재하지 않는 것처럼 숙제량도 어마어마하게 많고, 매 수업이 끝나면 80점 미만은 재시험을 봐야 하는 등 엄격한 분위기에 적응하지 못해 그만두는 아이들도 적지 않습니다. 그럼에도 공부 습관을 잡아준다는 평을 받으며 예비 중학생 자녀를 둔 대치동 어머니들 사이에서 선호도가 높습니다.

최상위권 아이들의 국어 성적에 숨은 비밀

여건이 허락한다면 앞에서 언급한 학원에 다니는 것도 좋은 방법이 될 수 있겠지요. 하지만 국어 실력을 키우는 근본적인 방법은 따로 있습니다. 대치동에서 최상위권으로 인정받는 학생들에게 국어 공부를 어떤 식으로 했는지 물어봤습니다. 요즘 최상위권이면 의대를 지망하는 이과형이 대부분이다 보니 국어는 좀 약하지 않을까 내심 짐작하면서 말이지요. 그런데 단 한 명도 국어 2등급이 없었습니다. 심지어 자기는 국어 공부가 제일 힘들었다는 학생까지 1학년 모의고사에서 2등급을 한 번 받았을 뿐, 이후로는 계속 1등급을 받았다고 했습니다.

수학이나 과학을 잘하는 아이들이 상대적으로 국어, 영어는 약하다고 알려져 있는데, 영어야 워낙 어릴 때부터 배우니 그렇다 치고 국어까지 잘하는 비결이 무엇일까요? 바로 독서였습니다. 국어에서 1등급을 받는 아이들은 책을 많이, '정말 많이' 읽었습니다. 더욱 흥미로운 것은 초등 시기에 독서 논술 학원에 다니며 체계적으로 책을 읽고 독후 활동을 경험한 학생도 있었지만, 어떤 사교육도 받지 않고 집에서 마음껏 책을 읽었다고 대답한 학생이 더 많았다는 사실입니다. 학원을 다녔다는 학생 중에는 대치동 유명 학원에 다녔다는 학생도 있지만 동네 조그마한 독서 교실에 다녔다는 학생도 있었고요.

심지어 잠자는 시간 빼고는 모두 공부에 매진하는 고등학생 시절에도 고3을 제외하고는 매년 20~30권씩 읽었다는 학생도 있었습니다. 고등학교 3년 내내 K여고에서 전교 1등을 놓치지 않았던 서윤이는 과학책을 지나치게 많이 읽어서 아빠가 한 번만 더 읽으면 찢어버리겠다고 으름장을 놓은 적도 있었습니다. 나중에 과학책이 정말로 찢어졌다는데, 아빠가 찢은 게 아니라 하도 여러 번 읽어 찢어졌다고 합니다.

이처럼 최상위권 학생들은 책 읽는 방법은 저마다 다르지만 책 읽기를 좋아한다는 점은 같았습니다. 타고난 이과형이라도 어릴 때부터 책을 많이 읽어 문해력을 쌓았고, 이것이 실전에서 국어 실력으로 이어졌던 것입니다.

"중학교 때까지 글 한 편도 제대로 안 읽었는데 갑자기 국어 시험을 잘 본다면 그건 시험이 잘못되었다는 말 아닐까요?"

책이 찢어질 정도로 여러 번 읽었다는 서윤이가 한 말입니다. 노력 없이 얻을 수 있는 것은 없습니다. 한 페이지짜리 글도 처음부터 끝까지 읽지 않으면서 국어에서 고득점을 받길 바라는 것은 욕심이지요. 정리하면 아이가 어릴 때부터 책을 즐겨 읽는 환경을 조성하고, 지속적인 독서 습관을 유지하게 이끌어주는 것이 중요합니다.

거창하고 대단한 책만 읽어야 하는 것이 아닙니다. 아이가 관심 있고 좋아하는 주제부터 시작해보세요. 단행본이나 전집 외에 과학 잡지를 구독하는 것도 좋습니다. 과학 상식도 배우고 최신 이슈가 되는 주제를 접하며 배경지식을 쌓을 수 있습니다. 어린이 신문도 훌륭한 콘텐츠입니다. 영어까지 욕심내는 분이라면 6학년 때쯤《주니어 헤럴드》,《주니어 타임즈》등 어린이 영자 신문을 구독하는 것을 추천합니다.

유명 국어 학원 수업보다 더 중요한 것이 있습니다

책을 많이 읽을수록 얻을 수 있는 또 하나의 장점이 독해 속도가 빨라진다는 점입니다. 과목을 막론하고 수능 지문이 점점 길어지는 추세에 빠른 독해 속도는 엄청난 능력입니다. 게다가 문학작품을 비롯해 역사·철학·과학·경제·예술 등 다양한 분야의 글을 읽어두면 배경지식이 쌓여 나중에 국어 비문학이나 영어 영역을 대할 때 큰 도움이 되고요.

이 외에도 중학교 때까지 가능한 한 열심히 책을 읽어야 할 이유가 또 하나 있습니다. 고등학생이 되어 학교생활기록부 '세특', 즉 과목별 세부 특기 사항을 작성할 때도 도움이 됩니다. 학교생활기록부에서 독서 항목은 빠졌지만 요즘은 과목별 세부 특기 사항에 그동안 읽었던 책을 기록합니다. 따라서 아이가 원하는 진로에 맞춰 중학교 때부터 미리 관련 분야 책을 읽으며 독후감을 정리해놓으면 고등학교 때 시간을 아낄 수 있습니다. 예를 들어 생물학 분야를 지망한다면 리처드 도킨스의 『이기적 유전자』를 미리 읽는 거지요. 600페이지가 넘는 두꺼운 책이다 보니 고등학교에 올라와서 읽으려면 시간도 여유도 없기 때문입니다.

안타깝게도 학년이 올라갈수록 책 읽을 시간이 절대적으로 부족해집니다. 해야 할 공부 범위와 분량도 많아지고 게임이나 유튜브 등 책보다 재미있는 것도 늘어나니, 책을 좋아하는 아이라 해도 예전처럼 독서하기 어려운 것이 현실입니다. 어머니들 역시 독서의 중요성을 알지만 영어나 수학에 신경 써야 한다는 이유로 이를 방관하기도 합니다. 아이에게 열심히 책을 읽히던 분들도 이 시기쯤 되면 책 읽었냐고 묻는 대신 "수학 숙제 했니?", "영어 단어 외웠니?"라고 물어보시지요.

문해력이란 결국 글을 읽고 이해하고 사고하는 힘입니다. 이 힘을 기르는 데 가장 효과적이면서도 경제적인 방법은 딱 하나, 어릴 적부터 다양한 분야의 책을 많이 읽는 것입니다. 그러니 자녀의 문해력과 국어 실력을 키우고 싶다면 유명하다는 학원을 알아보고 대기를 거는 것만큼이나 책 읽기에 공을 들이시길 바랍니다. 아이가 자라서 어떤 진로를 희망하든, 어떤 사람으로 성장하든 나중에 결코 후회하지 않을 최고의 교육입니다.

서울대 의대생들이 말하는
국어 1등급 공부법

수학적 머리가 타고나듯이 언어 감각도 타고납니다. 외국에 1년만 살다 왔는데 마치 외국에서 태어나고 자란 것처럼 영어를 잘하는 아이가 있는 반면, 몇 년간 살았는데 티도 안 나는 아이가 있듯이 국어 역시 감각을 타고난 아이들이 분명히 있습니다. 특히 어렸을 때부터 독서를 좋아했거나 꾸준히 책을 읽는 습관이 있다면 고등학교에 가도 걱정이 없습니다. 이런 학생은 고등학교에 입학해서 처음 치르는 모의고사 국어 영역에서 바로 1등급을 받을 확률이 매우 높습니다.

하지만 요즘같이 각종 미디어에 노출된 환경에서 책을 가까이하는 것은 그 어느 때보다 어려워졌습니다. 더구나 영어·수학·과학에 각종 수행평가 준비까지 생각하면 책 읽을 시간은 부족해도 너무나 부족합니다. 책을 좋아하고 많이 읽는 것이 여러모로 쉽지 않은 현실입니다.

"저희 아이는 어릴 적부터 책을 많이 읽은 편이 아닌데, 그럼 앞으로 수능이나 내신에서 1등급 받기가 어려운가요?"라고 궁금해하시는 분도 있을 겁니다. 물론 그만큼 국어에 많은 시간을 할애해야겠지만, 제대로 된 공부법과 전략으로 접근한다면 고등학교에 가서도 충분히 따라잡을 수 있습니다.

내신과 수능, 두 마리 토끼 한 번에 잡기

초등 시기에 독서로 문해력과 언어에 대한 감각을 키웠다면, 중학교부터는 본격적으로 교과과정을 대비하는 시기입니다. 학기 중에는 중간고사 및 기말고사를 충실히 대비하되 방학 기간에는 고전이나 시, 문법처럼 주제별로 하나씩 잡아 파고드는 것도 효율적인 방법입니다. 특히 중학교 과정부터 문법이 등장하는데, 이는 고등학교 국어 과정까지 이어지고 수능 국어에서도 문법 영역이 있기 때문에 중학교 때 문법을 정리해두면 좋습니다.

대입을 앞두고 고 3 다음으로 중요한 시기가 바로 중 3 겨울방학입니다. 바쁜 고등학교 생활이 시작되기 전 집중해서 부족한 부분을 보완할 수 있는 시기라 조금도 허투루 보내지 말아야 합니다. 이 기간에 가장 추천하는 국어 공부는 고 3 수능 국어 특강입니다. 진학할 학교 내신 공부를 미리 하는 것도 좋지만 유명한 선생님들의 수능 특강을 인터넷 강의로 들어두길 권합니다. 고등학교 1, 2학년 때는 내신 국어를 대비하느라 수능을 준비할 여유가 많지 않습니다. 그렇다고 3학년이 되어 수능을 본격적으로 준비하려면 당연히 늦습니다. 요즘은 내신 국어도 수능 국어 유형을 따라가는 추세라 중 3 겨울방학 때 맛보기 형식으로 수능 국어를 경험해보면 꽤 도움이 됩니다.

사실 고등 내신과 수능에서 국어 공부 방법은 다르지 않습니다. 요즘은 내신 시험에서도 비문학과 문학을 지문으로 다루는 것은 물론이고 교과서에 없는 외부 지문이 나오기도 합니다. 즉 수능 국어랑 별반 다를 바 없지요. 그래서 상위권 학생들은 내신을 준비하다 보면 자연스레 수능 국어 영역도 준비할 수 있다고 이야기합니다.

내신 시험에서 높은 점수를 받는 비결은 간단합니다. 학교 수업을 '밀도 있게' 듣는 것입니다. 선생님이 수업 시간에 하신 말씀을 놓치지 않고 기억하는 것이 핵심입니다. 특정 지문이나 문학작품을 분석할 때 그 선생님만의 관점이나 중요한 포인트가 담길 수 있기 때문에 선생님 말씀을 토씨 하나 빠뜨리지 않고 외울 정도로 수업 시간에 집중해야 합니다.

국어에도 수학처럼 '논리'가 있습니다

수능 국어는 크게 문학, 비문학, 그리고 어휘와 문법으로 나눌 수 있습니다. 그런데 많은 학생들이 문학을 어려워하곤 합니다. 그 이유를 물어보면 십중팔구는 답이 애매하기 때문이라고 답하고요. 애매하게 여기는 이유는 출제자의 의도가 아니라 '자신의 관점'에서 해석하기 때문입니다. 자꾸 내 생각을 바탕으로 작품과 지문을 파악하니 답을 찾지 못하지요. "문학이란 것은 해석하기 나름 아닌가요?"라고 볼멘소리를 하는 학생도 있는데, 국어에도 수학처럼 '논리'가 있습니다. 수능이라는 제도화된 시험에서는 어떤 특정한 관점이 아닌 일반적인 해석이 통용되게끔 문제를 낼 수밖에 없습니다. 정확히 말하면, 내신이든 수능이든 대입 시험에서 다루는 국어는 수학처럼 100퍼센트 정답일 수밖에 없는 문제만 출제됩니다. 이 사실을 명심하고 접근하면 지문에 숨어 있는 답이 보입니다.

그러므로 지나치게 창의적인 관점에서 문제를 풀려고 하지 말고 '지문에 답이 있구나. 그걸 내가 찾으면 되는구나' 생각하는 것이 첫 번째입니다. 지문과 문제는 확실한 의도를 가지고 설계되었다는 점을 기억하고 지문에 답이 있다는 것만 알아도 유리합니다.

외부 지문, 교과서에 수록되지 않은 문학작품이 출제되어 어렵다는 학생도 있습니다. 하지만 아무리 많은 문제를 풀어도 그 많은 문학작품을 다 알 수는 없습니다. 세상에 존재하는 모든 지문을 읽고 시험 보는 건 불가능한 일이고요. 따라서 생소한 지문, 잘 모르는 분야의 글이 나와도 당황하지 말고 체계를 잡아 중요한 부분을 찾아내면 됩니다.

작가가 이 글을 왜, 무슨 의도로 썼을까 파악하는 것이 99퍼센트이고, 문제를 푸는 것은 1퍼센트밖에 차지하지 않습니다. 그래서 지문의 관점을 뜯어보고 패턴을 읽히는 것이 중요합니다. 국어는 '감'이 아니라 '논리'입니다. 지문을 꾸준히 분석하면 어느 순간 그것을 깨달을 수 있습니다.

비문학 지문 200퍼센트 활용하기

비문학이 어려운 이유는 평소 접해보지 않은 주제를 다루기 때문입니다. 특히 문과 성향 학생들은 과학 주제 지문이, 이과 성향 학생들은 역사나 철학을 다룬 지문이 나오면 막막해하곤 합니다. 바로 이럴 때 어린 시절부터 쌓아둔 다양한 분야의 배경지식이 도움이 되지요.

이런 이야기를 들으면 중고등학생 부모님들은 "책을 더 읽혀야 했는데…" 하며 한숨을 쉬는데, 비문학 지문을 읽는 것도 독서와 마찬가지이기 때문에 괜찮습니다. 비문학 지문은 출제자들이 수많은 글 중에서 엄선한 양질의 텍스트입니다. 학교에서 배우든, 학원에서 배우든, 혹은 혼자서 문제집을 풀든 상관없습니다. 비문학 지문 내용을 요약·정리하고, 분석하고, 모르는 어휘는 찾아보고, 지문 속 개념을 배경지식으로 쌓는 것도 독서와 동일한 역할을 하거든요.

게다가 나중에 비슷한 다른 지문이 나오면 연결 고리가 생겨 문제 풀기가 좀 더 쉬워집니다. 실제로 대부분의 학생들은 비문학 문제를 풀고 나면 똑같은 내용이 시험문제에 다시 나오지 않는다고 생각하고 넘겨버립니다. 그런데 최상위권 학생들은 맞힌 문제의 지문도 내용을 분석하고 정리해서 배경지식으로 쌓아놨다가 나중에 비슷한 분야의 문제를 풀 때 활용합니다.

국어가 어렵다면 한 문제를 풀더라도 하나하나 제대로 분석하면서 푸는 연습을 해봐야 합니다. 해설을 듣거나 답지를 보더라도 본인이 이해할 때까지 지문을 읽고 정리해야 합니다. 남이 해설하는 것을 듣는 것만으로는 결코 자기 것으로 만들 수 없습니다.

한 문제를 풀더라도 이렇게

최상위권 학생들이 강조하는 1등급 받는 몇 가지 팁이 더 있습니다. 첫째는 매일 일정량을 정해 국어 문제를 푸는 것입니다. 국어 실력은 단시간에 눈에 띄게 늘지 않습니다. 가랑비에 옷 젖듯이 서서히 차오릅니다. 어떤 일이 있어도 매일 꾸준히 지문을 2~3개씩 분석하면 어느 순간 출제자의 의도가 눈에 들어옵니다.

둘째, 무조건 많은 양을 푸는 것보다 '문제의 질'이 중요합니다. 수학과 영어는 일명 '양치기'라 해서 최대한 많은 문제를 풀라고 합니다. 하지만 국어는 다릅니다. 좋은 지문으로 정확하게 분석하고 문제 푸는 연습을 해야 합니다. 가장 좋은 교재는 6월과 9월에 평가원에서 출제한 모의고사와 11월 수능 문제입니다. 사설 모의고사보다 정교하게 설계되어 있어 초반에 문제를 유형화하는 데는 이 세 가지가 가장 좋습니다.

지금까지 출제된 모든 수능과 평가원 모의고사 문제를 반복해서 다섯 번 이상 풉니다. 처음 한 번 풀 때와 두 번째 풀 때가 다릅니다. 처음에는 발견하지 못했던 정보가 눈에 들어오고, 전체 흐름이 그려지면서 출제자의 의도가 보입니다. 그다음에는 답을 어디에 어떻게 심어놨는지 파악할 수 있습니다. 문학작품도 여러 번 풀면 자주 나오는 작품은 암기까지 가능합니다.

국어 성적을 올리는 비결은 '꾸준함'과 '깊이 파고들기'입니다. 내신과 수능에서 고득점을 얻기 위해서는 초등학교 때부터 지속적으로 책을 읽어 문해력을 쌓고, 중학교 때부터는 주제별 특강을 통해 깊이 있는 학습을 이어가며, 고등학교에 진학한 후에는 전략적으로 파악하고 접근하는 것이 핵심입니다. 초등 시기부터 이것만 제대로 알고 실천해도 부족함 없는 국어 실력을 갖출 수 있습니다.

영어 유치원에서 쌓은 실력, 수능까지 가져가는 법

영어 유치원과 영어 성적, 어느 정도 관계있을까

우리나라 공교육 과정에서 영어 수업은 초등학교 3학년부터 시작됩니다. 하지만 대치동에서는 대체로 5세, 즉 만 4세가 되면 영어 사교육이 시작됩니다. 정확히 말하면 영어 유치원에 들어가기 위한 준비가 이때부터 이루어지는데, 요즘은 유명 영어 유치원 입학 경쟁이 치열해지면서 출발선도 4세로 빨라졌습니다.

사실 영어 조기교육만큼 효과에 대한 논란이 뜨거운 주제가 또 있을까 싶습니다. 조기교육이 효과가 있는지 없는지에 대한 논쟁은 1990년대 영어 유치원이 처음 생긴 이래 계속되고 있지만 여전히 결론이 나지 않았습니다. 20년 이상 영어를 가르쳐온 제 의견은 '영어는 어릴 때부터 접하는 것이 분명 도움이 된다'입니다. 단, 여기에는 전제 조건이 있습니다. 재미가 있어야 한다는 것이지요. 공부가 아니라 '놀이'여야 하고, 더 중요한 것은 중간에 절대로 멈추지 말아야 한다는 것입니다. 영어는 언어라 감각을 잃는 순간 도루묵이 됩니다.

대치동 최상위권 학생들은 빠르면 영어 유치원부터, 늦어도 초등학교에 입학하면서 영어 공부를 시작한 경우가 많습니다. 초등 고학년부터 학원에 다닌 학생들도 사교육을 그때 시작했을 뿐, 더 어린 나이에 집에서 영어책 읽기, 영어 애니메이션 보기 등을 꾸준히 해왔습니다. 이 학생들이 공통적으로 꼽는 영어 잘하는 비결이 '영어와 자연스럽게 친해지는 것'입니다.

스펀지처럼 영어를 흡수하는 4세

이 책을 읽는 분들은 대부분 초등학생 자녀를 둔 학부모님일 텐데, 더 어린 영유아 자녀를 둔 분도 있으니 초등학교 입학 전 필요한 영어 학습 방식에 대해 간략하게 조언 드리고자 합니다. 저는 영유아기에 부모가 해줄 수 있는 최고의 선물이 바로 '베드 타임 스토리(bed time story)', 즉 잠자리에 들기 전 정감 있는 부모님의 목소리로 책을 읽어주는 것이라 봅니다. 아이가 알아듣지 못해도 괜찮습니다. 생후 6~8개월 무렵부터 밤에 아이를 재울 때 그림책을 읽어주되 한글책과 영어책을 8:2로 섞어서 읽어주는 것이 핵심입니다. 잠들기 전 책을 읽는 그 시간이 부모와 아이 모두에게 정서적으로 도움이 됩니다.

육아로 지친 부모님들이 잠자리에서 책을 읽어주는 게 쉬운 일은 아닙니다. 저 역시 아이를 키울 적에 퇴근하고 돌아오면 너무나 피곤할 때가 많았습니다. 하지만 해치워야 할 집안일이 산더미같이 쌓여 있어도 두 눈 질끈 감고 침대에 누운 채 아이를 토닥이며 책을 읽어주었지요. 말도 하지 못하고 글자도 모르는 아이에게 책을 읽어준다고 알아들을까 싶었는데, 생후 8개월 때 책에 눈을 맞추고 제 말에 반응하는 아이를 보면서 신기해했던 기억이 생생합니다.

이 시기에 읽어주면 좋은 영어 그림책으로는 색감이 강

렬한 에릭 칼(Eric Carle) 등 인지도 높고 검증된 해외 작가의
책을 추천합니다. 밤마다 영어 그림책을 보여주며 자연스럽
게 동물 이름이나 색깔, '엄마', '아빠'처럼 간단한 단어를 영
어로 들려주세요. 돌이 지나고 말문이 트이면 어느새 강아
지 사진을 가리키며 '도그(dog)'라고 말할 겁니다. 이는 모국
어를 익히는 것과 동일한 원리입니다.

글로리아쌤의 4세 이하 유아 영어 추천 도서

작가명	도서명
Eric Carle	『Papa, Please Get the Moon for Me!』
	『From Head to Toe』
	『The Very Hungry Caterpillars』
	『Little Cloud』
	『Brown Bear, Brown Bear, What Do You See?』
	『Draw Me a Star』
	『The Very Busy Spider』
	『Today is Monday』
	『The Secret Birthday Message』

Anthony Browne	『Gorilla』
	『My Dad』
	『My Mum』
	『How Do You Feel?』
	『The Little Bear Book』
	『I like Books』
	『Willy's Pictures』
Eric Hill	『Spot』 시리즈
Mo Willems	『Elephant and Piggie』 시리즈
	『The Pigeon』 시리즈
Lucy Cousins	『Maisy』 시리즈
David Shannon	『Oh, David!』
	『No, David!』
	『Opps!』
Peggy Rathmann	『Good Night, Gorilla』

한편 4~7세는 아이들이 자연스럽게 영어에 노출되었을 때 모국어처럼 영어를 익히기에 가장 좋은 시기입니다. 만 3세 무렵은 사람의 두뇌가 폭발적으로 성장하는 시기이기

때문에 말 그대로 '스펀지처럼' 지식을 흡수합니다. 자녀를 키워본 분들은 '아니, 어디서 이런 말을 배웠지?' 하면서 아이가 구사하는 말에 깜짝 놀란 경험이 있을 겁니다. 이처럼 중요한 시기에 부모가 얼마나 영어책을 재미나게 많이 읽어주느냐에 따라 아이의 영어 감각이 달라질 수 있습니다.

3세까지 한글책과 영어책을 8:2로 섞어 읽어주었다면, 4세부터는 영어책의 비율을 늘립니다. 이때는 한글책과 영어책을 3:1로 섞어서 읽어주세요. 4세 무렵부터는 영어 노래를 들려주고 신나게 따라 부르는 것도 좋은 방법입니다. 일단 노래로 흥을 돋운 뒤 책을 읽어주면 아이는 책에 실린 단어를 자연스럽게 흡수합니다. 5세는 알파벳을 쓰고 읽고 문장을 말할 수 있는 나이이기 때문에 슬슬 파닉스를 시작해도 좋습니다. 저는 전문 커리큘럼이 있는 기관의 도움을 받는 것을 추천하지만, 엄마표 영어 학습이 불가능한 것은 아닙니다. 또 기관에서 배우는 것과 더불어 집에서도 부모와 같이 습득하면 효과가 배가됩니다.

글로리아쌤의 4~7세 영어 추천 도서

작가명	도서명	비고
Roderick Hunt 외	『Oxford Reading Tree』 시리즈	세이펜을 활용해 최대한 어린 나이부터 접할수록 좋습니다.
Grace Yoon 외	『Usborne Young Reading』 level 1, 2	
Patricia Lakin 외	『Ready to Read』 level 1, 2	
Tedd Arnold	『Fly Guy』 시리즈	
Norman Bridwell 외	『Clifford Big Red Reader』 시리즈	
Phyllis J. Perry	『A Fribble Mouse Library Mystery』 시리즈	
Walter Wick 외	『I Spy』 시리즈	
Margaret Wise Brown 외	『Goodnight Moon』	
Joanna Cole 외	『The Magic School Bus』 시리즈	(7세)

영어 유치원, 보낼까 말까

아이가 네 살쯤 되면 부모님들이 슬슬 영어 유치원에 관심을 갖기 시작합니다. 보통 다섯 살에 들어가는 영어 유치원의 장점은 얼핏 들어 알고 있지만 비용에 부담을 느끼는 분도 많지요. 그렇게 많은 교육비를 쓰는 만큼 효과를 얻을 수 있을지, 너무 어릴 때부터 학습을 시켜 영어에 대한 부담만 주는 건 아닌지 고민하곤 합니다.

영어 유치원의 장점을 꼽으라면 단연 '지속적인 영어 노출 환경'을 들 수 있습니다. 어린아이가 모국어를 익히기 위해서는 하루에 8시간은 노출되어야 한다고 합니다. 영어를 모국어처럼 구사하려면 영어 역시 하루 8시간 정도 노출되어야 한다는 뜻이지요. 영어 유치원의 경우 종일 원어민 선생님과 영어로 소통하고, 전문적인 프로그램을 통해 놀이하듯 자연스럽게 영어 표현을 익힐 수 있습니다.

우리말도 미숙한 영유아에게 영어 공부를 일찍부터 하게 했다가 두 언어 모두 제대로 익힐 수 없다는 우려 섞인 목소리도 있습니다. 하지만 주 양육자인 부모님이 집에서 한국어를 쓰기 때문에 아이가 영어와 한국어를 혼동할 일은 거의 없습니다.

대치동에서 가장 인기 있는 영어 유치원은 YBM에서 운영하는 게이트(GATE)입니다. 게이트의 대표 프로그램은 두 달에 한 번씩 진행하는 발표지요. 예를 들어 '제일 좋아하는 아티스트는 누구입니까?'라는 주제를 줍니다. 제일 좋아하는 아티스트를 미켈란젤로로 정했다면 미켈란젤로의 생애와 작품을 조사합니다. 그런 다음 친구들에게 설명할 내용을 정리하고 사진을 붙이고 크레파스나 여러 미술 재료를 활용해 자료를 만들고요. 친구들 앞에서 발표해야 하니 미리 스크립트를 작성해보기도 하고 막힘없이 말하기 위해 외우고 연습합니다. 이 모든 과정을 거쳐 떨리는 마음을 누르며 친구들 앞에서 발표를 마치고 박수를 받는 순간, 아이는 한 뼘 더 성장합니다.

"다섯 살짜리 아이가 이런 것을 한다고요?"라고 의아해하는 부모님도 있을 것 같습니다. 물론 쉽지 않습니다. 하지만 이 과정을 즐겁게 할 수 있도록 부모님이 옆에서 도와주신다면 정말 좋은 학습 방법입니다. 실제로 게이트에 다니는 아이들이 가장 즐거워하는 활동이 이 발표 수업이고요. 일곱 살 때까지 이런 훈련을 반복하며 대치동에서 영어 유치원을 졸업한 아이들의 영어 실력은 미국 초등학교 2학년 학생과 비슷한 수준입니다.

영어 유치원이 효과가 없다는 이야기가 나오는 것은 초등학교에 입학한 후 여러 이유로 영어 공부를 꾸준히 하지 않거나 학습식 영어 공부로 전환하면서 아이가 영어에 대한 흥미를 잃었기 때문입니다. 오히려 영어 유치원을 졸업한 학생들은 나중에 자녀를 낳아서 키운다면 반드시 영어 유치원에 보내고 싶다고 이야기하는 경우가 많습니다. 그만큼 부모도 아이도 만족도가 높은 사교육이 영어 유치원입니다.

영어 유치원 입학시험은 우리 나이로 네 살인 해 10월에 치릅니다. 만약 자녀를 영어 유치원에 보내기로 결심했다면 어머니가 부지런해지셔야 합니다. 홈페이지가 없는 영어 유치원도 있으니 설명회도 찾아다녀야 하고, 주변 다른 어머니들에게 묻거나 커뮤니티에서 정보를 찾아야 합니다. 영어 유치원은 선착순이나 추첨으로 선발하는 곳도 있지만 대부분 입학시험을 봅니다.

입학시험을 치르는 영어 유치원에 들어가기 위해서는 생각보다 준비할 것이 많습니다. 예를 들어 앞서 말한 게이트는 입학시험이 어렵기로 소문난 곳입니다. 시험 절차가 조금 특이한데 첫 번째 단계는 영재 판별 검사입니다. 이 검사에서 영재성을 측정했을 때 상위 5% 이내에 들어야 두 번째 단계인 영어 시험을 치를 자격이 주어집니다. 이렇게 까다로운 조건에도 입학시험에 응시하려는 아이가 많아 예약 전화를 걸면 몇 시간 동안 연결이 안 될 정도입니다. 이 때문에 어머니들 사이에서는 '게이트 입시'라고 불리기도 하지요.

영어 시험에서는 원어민 선생님과 실제로 수업에 임하는 모습을 지켜보며 아이를 평가합니다. 알파벳은 익혔는지, 단어는 읽을 수 있는지, 사진을 보여주고 영어로 대답할 수 있는지 등을 평가하는데 들어가고 싶은 아이들이 워낙 많다 보니 입학시험 수준이 점점 높아지고 있습니다. 요즘은 미국 초등학교 1학년 수준에 이르렀다는 평가입니다.

6명이 한 번에 시험을 보는데 50분 동안 아이가 수업에 집중하는지, 적극적으로 참여하는지, 자리를 이탈하지 않고 여러 친구들과 함께 활동에 참여하는지 등 수업 태도를 살펴봅니다. 중요한 것은 아이의 읽기, 쓰기, 말하기 수준을 확인하는 방식이겠죠. 예를 들어 읽기 능력을 평가할 때는 'The dog is big.', 'He likes apple.' 같은 짧은 문장을 읽을 수 있는지 살펴봅니다.

쓰기의 경우 단어를 철자에 맞게 적을 수 있는지 봅니다. 고양이 사진을 보고 'cat'이라고 적거나 'The horse is running.'이라는 문장을 받아쓰기할 수 있는지 평가합니다. 이때 대문자와 마침표까지 모두 넣어야 좋은 점수를 얻을니다.

마지막으로 말하기는 그림이나 사진을 보고 상황을 설명하거나 질문에 답하되 특정 표현을 사용해 대답할 수 있는지를 평가합니다. 예를 들면 선생님이 어떤 사진을 보여주고 "What is the weather of this picture? And why?(이 사진 속 날씨가 어때? 왜 그렇게 생각하니?)"라고 물으면 아이가 "It is spring and sunny because I can see sunshine and flowers.(햇살과 꽃들이 보이는 걸 보면 화창한 봄이에요.)"라고 대답하는 식입니다.

영어 유치원 입학시험, 이렇게 준비하세요

영어 유치원 입학시험 경쟁률이 치열해지면서 시험도 어려워진 만큼 영어 유치원 입학 대비 학원이나 전문 과외 선생님도 존재합니다. YBM에서는 3~4세 유아들이 다니는 놀이 학교인 애플트리, 러닝트리 등도 개설했는데, 이곳에 다니며 영어를 접하다가 게이트 등 유명 영어 유치원 입학시험을 준비하기도 합니다.

영어 유치원 입학 대비에 관련해 몇 가지 조언을 드리면 네 살부터는 알파벳 공부를 시작해도 됩니다. 이때 영어 학습에 순서가 있습니다. 영어는 크게 리딩(reading 읽기), 리스닝(listening 듣기), 스피킹(speaking 말하기), 라이팅(writing 쓰기)의 4대 영역으로 나뉩니다.

- **리딩** : 가장 쉬우면서 효과적인 방법이 영어 그림책 읽기입니다. 앞서 말씀드린 것처럼 영어책과 한글책을 1:2 또는 1:3 비율로 읽어주세요.
- **리스닝** : 신나는 영어 노래를 함께 따라 부릅니다. 유튜브 등 영상을 보는 아이라면 아이가 좋아하는 영어 노래 영상을 찾아 한글 영상 중간에 끼워 넣어주세요.
- **스피킹** : 가능하다면 부모님이 아이와 간단한 대화를 주고받습니다. 영어 놀이 학교 등 기관에서 주 1~2회 배우는 것도 좋습니다.
- **라이팅** : 시험 두 달 전인 8월 정도부터 본격적으로 받아쓰기 연습을 합니다.

초등 1~2학년이
영어 실력을 키우는 최고의 방법

대치동 아이들의 두 번째 시험, '7세 고시'

영어 유치원 입학시험인 '4세 고시'를 지나면 다음으로 대치동 아이들을 기다리는 것이 있습니다. '7세 고시'라고들 말하는, 초등학교 입학을 앞두고 치르는 유명 영어 학원의 레벨 테스트입니다. 현재 대치동에서 일명 '빅 5(IN, ILE, 트윈클, Peai, 에디센)'라 불리는 어학원 상위반에서는 미국 초등학교 3학년 수준으로 가르치고 있습니다. 영어 유치원 3년 과정을 마친 아이들이 이 정도 수준을 이해할 수 있다고 보는 것이지요.

사실 대치동에서 영어 유치원을 보내는 이유는 어릴 적부터 영어를 접하고 빨리 습득하게 하기 위해서이기도 하지만, 초등학교에 입학한 뒤 이름난 영어 학원에 보내려는 목적도 있습니다. 초등 시기에도 상위 레벨 학원에서 영어 공부를 이어가기 위해서인 것이지요. 이 때문에 대치동에서는 영어 유치원에 입학한 후에도 주 1~2회씩 별도로 영어 사교육을 받는 아이들이 많습니다.

초등학교 1~2학년은 환경만 잘 조성해준다면 영어를 좋아하는 아이로 클 수 있는 중요한 시기입니다. 다른 과목에 대한 부담이 아직은 적은 상태이므로 영어에 몰입하기 좋고, 아이가 재미있게 읽을 수 있는 영어 소설책도 많아지는 때입니다. 학년이 높아질수록 점점 영어 원서를 읽을 시간이 줄어들 수밖에 없으므로, 아이가 거부하지 않는다면 최대한 많은 영어 동화책이나 소설책을 읽도록 이끌어주는 것이 좋습니다.

초등 저학년 영어 학습의 제1원칙

초등 저학년 시기에 학원을 선택하는 여러 기준 중 가장 중요한 것은 아이들이 일단 즐거움을 느껴야 한다는 것입니다. 서울대 의대에 진학한 제자 민혁이에게 초등학교 때 영어 공부를 어떻게 했는지 물어보니 이렇게 답하더군요.

"1학년 때부터 영어 학원에 다니기는 했는데, 공부하러 간다기보다는 놀러 갔어요. 수업 시간에 몰래 과자를 먹다 선생님께 들켜서 영어로 사과하는 법을 배운 게 아직까지 기억날 정도예요. 왜 책상 위에 앉아서 수업을 들으면 안 되는지 의자와 책상의 정의에 대해 토론하기도 하고, 원어민 선생님의 한글 이름을 지어준다고 장난도 치고요. 영어 학원에서 정말 즐겁게 놀았어요."

영어는 교과 과목인 동시에 언어입니다. 그래서 부담 없이 접하고 많이 말할수록 자연스럽게 실력이 쌓입니다. 남들이 좋다고 하는 학원, 유명한 학원, 영어 잘하는 옆집 아이가 다니는 학원이 아니라 내 아이와 성향이 잘 맞고 신경을 많이 써주는 선생님이 있는 학원을 찾아야 합니다.

사람은 재미를 느낄 때 무서운 속도로 몰입합니다. 특히 초등 저학년 때는 일단 영어에 재미를 느끼기 시작하면, 특별히 공부한다는 느낌이 없어도 자연스럽게 실력이 쌓입니다. 이 상태를 초등 고학년 이후에도 꾸준히 유지하면 훗날 입시를 앞둔 나이가 되었을 때 영어에 대한 기본기와 자신감을 장착하게 되고요. 반대로 이때 영어를 소홀히 한다면 그 결과가 언젠가는 부메랑처럼 돌아옵니다. 다른 과목에 힘을 쏟아야 할 시기에 뒤늦게 영어에 많은 시간을 할애해야 하지요. 그러니 영어 습득에 결정적인 초등 저학년 시기를 결코 놓치지 않아야 합니다.

초등학교 1~2학년 때는 이른바 엄마표로도 영어를 익힐 수 있습니다. 다만 부모님이 많은 노력과 관심을 기울여야 합니다. 집에서 부모님과 가장 쉽게 실천할 수 있는 방법이 영어 애니메이션을 보는 것입니다. 아이에게 같은 애니메이션을 영어로 한 번, 한글로 한 번씩 보여줍니다. 순서는 상관없습니다. 만약 아이가 좋아해서 같은 애니메이션을 여러 번 반복해서 볼 경우에는 반드시 영어로만 보는 습관을 길러줍니다.

이 시기에는 재미있게 읽을 수 있는 영어책도 무궁무진합니다. 도서관이나 서점에 가서 아이와 함께 영어책을 골라보세요. 거실 책장과 집 안 곳곳에 영어책을 눈에 띄도록 놓아두고 아이가 지나면서 들춰보게 합니다. 혼자 책을 읽을 수 있는 나이지만 이 시기에도 저녁마다 영어책과 한글책을 섞어서 아이와 함께 읽고 대화를 나눠보는 것을 추천합니다. 정서적 유대감은 나중에 아이에게 사춘기가 왔을 때 빛을 발합니다. 그 밖에 차로 이동하는 시간에 영어 노래를 틀어놓고 따라 부르게 하는 것도 좋은 방법입니다.

SR과 AR, 숫자에 집착하지 마세요

"2학년인데 AR 2점대 책만 읽으려고 해요. 더 어려운 책을 읽는 게 좋겠죠?"

아이가 읽는 영어책 레벨에 대해 걱정하는 어머니들이 종종 하시는 질문입니다. 그럴 때마다 저는 같은 대답을 합니다.

"무슨 책이든 마음껏 읽게 두시는 게 가장 좋습니다."

유아 및 초등학생 영어 독해 실력의 지표로 사용하는 SR이나 AR에 신경 쓰는 부모님이 많습니다. SR(Star Reading)

은 르네상스 러닝(Renaissance Learning)에서 개발한 영어 독해 레벨 진단 테스트로, 아이가 글을 읽고 이해할 수 있는 수준을 측정합니다. AR(Accelerated Reader)은 책의 난이도를 표시하는 지수고요. 두 가지 모두 요즘 초등학생들의 영어 레벨을 짐작하는 지표로 사용되는데, 사실은 미국 초등학생 학년에 맞춰서 만든 등급입니다. 예를 들어 SR 테스트 5.7점은 미국 초등학생 5학년 7개월 수준이라는 의미이고, AR 지수 3점은 미국 초등학생 3학년이 읽을 수 있는 수준의 책이라는 뜻이지요.

대부분의 대치동 영어 학원들은 초등 1학년 아이들에게 AR 3점대 수준을 가르칩니다. 예전에는 대치동에 학원이 서른 곳 있다 치면, 그중 두세 곳만 3점대 수준을 가르치고 나머지는 2점대 수준으로 가르쳤습니다. 그런데 부모님들 중에는 '저 학원은 1학년한테 3점대를 가르친다는데 거기서 배워야 영어를 더 잘하는 거 아니야?' 하고 생각하는 분이 많습니다. 학원 커리큘럼에 원래 학년보다 수준 높은 원서가 있으면 아이가 그 학원에 가서 영어 수준이 높아질 거라 기대하시곤 합니다. 반대로 학원에서 다루는 책 수준이 다른 학원보다 낮으면 너무 쉽게 가르치는 것은 아닐까 걱정하시고요.

이런 생각이 은연중에 자리 잡으면서 어려운 내용을 가르치는 학원으로 학생들이 몰리다 보니, 학원들이 너도나도 3점대 교과서나 소설책으로 가르치기 시작했습니다. 심지어 초등 1학년 중에서도 레벨이 가장 높은 반은 4점대 책을 읽는다고 홍보하는 학원도 생겨났고요.

이렇게 된 데는 영어 유치원도 한몫을 했습니다. 유명 영어 유치원에서는 5세 반이 미국 교과서 1학년 수준의 교재를 사용합니다. 유치원 때 미국 초등학교 1~2학년 수준을 학습했으니 초등학교에 올라가면 미국 초등학교 3학년이 배우는 책을 보는 것이 타당하게 느껴집니다. 이 같은 상황이 맞물리면서 실제 나이나 수준보다 과도하게 어려운 책을 읽는 것이 당연한 상황이 되었습니다.

초등 1학년 아이라면 AR 1점대나 2점대만 나와도 충분합니다. 그런데 누군가 "○○이는 3점대 책을 읽는대"라고 하는 순간 어머니들은 가슴이 철렁합니다. 갑자기 우리 아이가 너무 더딘 것같이 느껴지거든요. 만약 초등 2학년인 다른 집 아이가 『해리포터』 시리즈 원서를 읽는다는 소문까지 들으면 속이 뒤집어집니다. 『해리포터』 시리즈는 5~7점

대까지 권마다 레벨이 조금씩 다른데, 어쨌든 초등학생이
이 책을 읽는다는 건 영어를 꽤 잘한다는 뜻입니다. 그래서
『해리포터』를 읽는 아이는 어머니들 사이에서 선망의 대상
이 되곤 하고요.

글로리아 쌤의 초등 1~2학년 추천 도서

작가명	도서명
Dan Gutman	『My Weird School』
Tracey West	『Dragon Masters』 시리즈
Mary Pope Osborne	『Magic Tree House』 시리즈
Dori Hillestad Butler	『The Haunted Library』
Abby Klein 외	『Ready, Freddy!』 시리즈
Alan MacDonald	『Dirty Birtie』 시리즈
Jeff Kinney	『Diary of a Wimpy Kid』 시리즈
Marjorie Weinman Sharmat	『Nate The Great』 시리즈
Jane O´Connor	『Fancy Nancy』 시리즈
Megan McDonald	『Judy Moody』 시리즈
Nancy Krulik 외	『George Brown, Class Clown』 시리즈
Tomie dePaola 외	『Strega Nona』 시리즈

초등 2학년인데 5~6점대 책을 읽는 것은 굉장히 드문 일입니다. 그 아이가 영화를 재미있게 봐서 『해리포터』 원서를 들고 다니는 건지, 글자를 읽기는 하는데 정말로 이해하는 건지는 알 수 없습니다. 물론 영어에 천재적 재능이 있는 아이가 1,000명 중 1~2명은 있을 수 있습니다. 그런 아이라면 가능하겠지요. 하지만 한글책으로 바꿔 생각해보세요. 초등 2학년 어린이가 서울대학교 합격생 생활기록부에 가장 많이 기재되어 있다는 마이클 샌델의 『정의란 무엇인가』를 읽을 수 있을까요? 물론 글자를 읽을 수는 있겠지요. 그러나 글자를 읽는 것과 내용을 이해하는 것은 완전히 다릅니다.

영어 전문가 입장에서 늘 말씀드리고 싶은 내용은 숫자에 너무 집착하지 말라는 것입니다. AR 지수를 높이겠다고 너무 조바심 낼 필요 없습니다. 1학년 아이가 2점이나 3점대 책을 읽는다면 그것만으로도 대단한 일입니다. 어떤 책이든 자기 수준보다 너무 어려우면 아이들은 흥미를 잃습니다. 초등학교 1학년이 2학년 수준을 읽는 것만으로도 충분하니, 3학년이 읽어야 할 책을 억지로 읽힐 필요는 없습니다. 더구나 그렇게 어려운 책을 읽는다고 해서 영어를 잘하게 되는 것도 아닙니다. 한글책이든 영어책이든 아이가 책에 빨려들고 재미있게 읽으려면 자기 수준에 맞는 책이 가장 좋습니다.

초등 3~4학년이
영어 실력을 키우는 최고의 방법

4대 영역을 골고루 키워야 하는 초등 중학년

초등학교 3학년이 되면 학교에서도 영어 수업을 합니다. 그런데 파닉스를 겨우 뗀 아이와 영어 소설책을 읽는 아이가 함께 수업을 듣는 것이 현실입니다. 초등학교 1~2학년 때까지 꾸준히 영어 실력을 키워온 아이는 친구들 사이에서 영어 잘하는 아이로 인식되고, 그러면 아이는 그 이미지를 잃지 않으려고 영어에 더욱 몰입합니다. 어려운 영어 소설책을 읽으려 시도하고 그러면서 영어 실력이 더 좋아지는 선순환이 일어납니다. 반대로 이제 떠듬떠듬 영어를 읽는 아이는 잘하는 아이들 사이에서 상대적으로 위축되고 자신감이 떨어집니다. 그러면 영어가 재미없어지고 점점 더 하기 싫어지겠지요. 초등학교 입학하기 전부터 아이들이 꾸준히 영어를 접해야 하는 현실적인 이유입니다.

초등학교 3~4학년은 영어의 4대 영역인 '리딩, 라이팅, 스피킹, 리스닝'을 골고루 경험해야 하는 중요한 시기입니다. 리딩은 여전히 아이가 좋아하는 책을 중심으로 진행하되 대화를 통해 자연스럽게 스피킹과 리스닝 실력을 키우고, 책 읽기의 연장선상에서 라이팅으로 이어지는 것이 좋습니다.

스피킹 실력을 키우는 가장 좋은 방법은 수업 시간에 친구들 앞에서 발표해보는 경험입니다. 영어 학원을 선택할 때 학생들에게 이런 발표를 직접 해보게끔 하는지 확인하는 것은 중요합니다. 물론 아이들 입장에서 영어로 발표 준비를 하는 것은 부담스러운 일이지요. 여러 사람 앞에서 우리말로 발표하는 것도 쉬운 일이 아니니까요. 하지만 자료를 조사하고, 발표 대본을 써보고, 다른 사람들 앞에서 발표하는 것은 이 시기에 반드시 해봐야 하는 좋은 학습 경험입니다. 영어로 읽고 쓰는 능력을 키워주는 것은 물론, 자신감까지 얻게 해주는 효과가 있기 때문이지요.

어떤 학원은 영어책을 읽고 끝내는 것이 아니라 책과 관련된 여러 활동을 합니다. 책 속 인물이 되어 등장인물에게 보내는 파티 초대장을 만들어보거나 실제 파티를 여는 식이지요. 활동을 마치면 간단하게 소감을 영어로 써보기도 합니다. 이처럼 다양한 활동을 통해 아이들은 자연스럽게 영어의 4대 영역을 골고루 체험하고 익힐 수 있습니다. 이런 방식으로 수업을 진행하려면 그만큼 커리큘럼이 탄탄하고 선생님이 하나하나 신경 써서 학생들을 지도해야 합니다. 따라서 이런 활동을 얼마나 심도 있게 자주 하는지가 좋은 학원을 가늠하는 기준이 될 수 있습니다.

한편 초등 저학년까지는 열심히 영어책을 읽게 하다가도 4학년쯤부터는 수학 공부에 몰두하며 영어책 읽기에 소홀해지는 경향이 있습니다. 하지만 이 시기야말로 원서를 정말 재미있게 읽을 수 있는 '원서 읽기 폭발기'라고 볼 수 있습니다. 책장의 상당 부분을 흥미로운 영어책으로 채워주거나 주말에 2~3시간이라도 책에 푹 빠질 수 있는 환경을 만들어주세요. 주말에 수학 문제를 하나 더 푸는 것보다 영

글로리아쌤의 초등 3~4학년 추천 도서

작가명	도서명
Roald Dahl	『Matilda』
	『The Witches』
	『The BFG』
	『The Magic Finger』
	『Fantastic Mr. Fox』
	『Danny the Champion of the World』
Francesca Simon 외	『Horrid Henry』 시리즈
Dav Pilkey	『Captain Underpants』 시리즈
Micah Hecht 외	『Who Is(was)』 시리즈
Patricia Brennan Demuth 외	『What Is』 시리즈
Geronimo Stilton	『Geronimo Stilton』 시리즈
Dan Gutman	『The Homework Machine』
	『The Genius Files』
David Walliams	『Gangsta Granny』
Bruce Coville	『My Teacher is an Alien』
Nate Ball 외	『Alien in My Pocket』 시리즈
Margaret Peterson Haddix 외	『Greystone Secrets』 시리즈

어책 읽을 시간을 확보하는 것이 아이의 미래에 보다 도움이 된다고 자신 있게 말할 수 있습니다. 이 시기가 책 읽기에 부담없이 빠질 수 있는 마지막 시기이기 때문에 꼭 독서 시간을 마련해주시길 당부하고 싶습니다.

"다른 건 괜찮은데 라이팅 실력이 제자리예요"

영어의 4대 영역 중 가장 더디게 성장한다고 느끼기 쉬운 영역이 바로 라이팅, 즉 작문입니다. 책을 많이 읽고 좋은 영어 문장을 많이 봐야 좋은 글이 나올 수 있습니다. 책 읽기를 좋아하는 아이라면 조급해하지 마십시오. 인내심을 가지고 기다리다 보면 어느 순간 작문 실력이 느는 것이 느껴질 겁니다. 하지만 모든 아이가 책을 좋아하는 것은 아닐 테니, 작문을 잘할 수 있는 현실적인 방법을 알려드리고자 합니다.

일반적으로 작문 과정을 운영하는 학원에서는 학생들에게 특정 주제를 주고 에세이 쓰는 숙제를 냅니다. 숙제를 제출한 후 선생님이 확인해서 틀린 부분을 고쳐주거나 더 좋은 표현을 알려준 뒤 다시 쓰는 리라이팅(rewriting) 숙제를 내줍니다. 이때 선생님이 쓰신 샘플 에세이를 세 번 정도 읽고 따라 써보며 좋은 표현을 익힙니다. 나보다 잘 쓰는 사람의 글을 따라 쓰면서 내 것으로 만드는 겁니다. 혹시 선생님이 직접 쓰신 샘플 에세이를 주지 않은 경우에는 챗GPT(ChatGPT)를 활용하는 것도 좋습니다. 챗GPT를 통해 적어도 내가 쓴 것보다 잘 쓴 에세이를 샘플로 얻을 수 있습니다.

사고를 확장하는 영단어 공부법

초등 3학년부터는 단어 외우기를 학습에 끼워 넣어야 합니다. 학원에서 자체 제작한 단어책을 주는 경우도 있고, 시중에 좋은 단어책이 많이 나와 있습니다. 단어책은 예문이 중요합니다. 예문을 봐야 단어가 어떻게 쓰이는지 이해할 수 있기 때문이지요. 특히 단어에 여러 가지 뜻이 있을 때일수록 예문이 반드시 필요합니다. 그래야 단어의 쓰임새를 확실히 알고 제대로 활용할 수 있습니다.

다양한 예문을 활용해 단어를 외우면 시험에서 요약 문제를 풀 때나 빈칸 채우기를 할 때도 도움이 됩니다. 최악의 단어책은 영어 단어에 한글 뜻만 달랑 한두 가지 적혀 있는 것입니다. 이런 단어책으로 공부하면 외우고 나서 금방 잊어버릴 뿐 아니라 단어의 쓰임을 단편적으로 이해할 뿐, 영어적 사고를 확장하지 못합니다.

시중에 나온 여러 단어책 중에서 제가 추천하는 것은 『Wordly Wise』입니다. 이 책은 단어를 이용해 예문 쓰기, 동의어 찾기, 단어의 여러 쓰임 파악하기, 해당 단어가 들어간 지문 읽기 등 다양한 방식으로 자연스럽게 단어를 익히도록 도와줍니다. 초등학생이 어휘력을 늘리는 데는 최고의 책입니다.

초등 5~6학년이
영어 실력을 키우는 최고의 방법

기껏 쌓은 영어 실력, '말짱 도루묵'이 되는 이유

부모님들께 이 말을 하고 싶어서 이 책을 쓰기로 마음먹었
다 할 정도로 꼭 외치고 싶은 말이 있습니다.

"제발 영어 공부하다가 중간에 멈추게 하지 마세요!"

수학 진도를 더 빼야 해서, 수학 학원을 추가로 다녀야
해서, 수학 경시대회 준비반에 들어가서 등 수학에 시간을
더 많이 할애하기 위해 당장 급하지 않은 영어는 잠시만 쉬
자고 마음먹는 부모님들이 많습니다. 그런데 영어는 꾸준히

하지 않으면 일상에서 접하기 어렵기 때문에 손에서 놓는 순간부터 영어 감각이 빠르게 떨어집니다. 그러므로 장기적인 관점에서 수학이나 과학 때문에 영어 공부를 소홀히 하는 것은 영어 유치원부터 초등 저학년 때까지 영어 학원에 들인 그 모든 돈과 시간과 정성을 한꺼번에 물거품으로 만드는 큰 실수입니다. 어릴 때 영어 공부한 것이 소용없다는 이야기가 나오는 것도 이 때문입니다.

"주변 친구들을 보니 2~3년간 공백이 있으면 그 이후에 고등 내신에서 따라가기가 쉽지 않은 것 같아요."

"엄마가 수학 학원은 빠져도 영어 학원은 절대 빠지면 안 된다는 철칙이 있어서 수학 경시대회를 앞두고도 영어를 쉬지 않고 공부했어요. 그 덕분에 일반고에 진학했을 때 영어 내신에 남들보다 시간을 덜 들이고 100점을 받을 수 있었고요."

영어는 단기간에 실력을 올리기 어렵기 때문에 꾸준한 학습이 필수입니다. 부모님들께 다시 한번 간곡히 부탁드립니다. 고학년이 되어 영재고를 준비한다는 이유로, 다른 과목에 매진한다는 이유로 아이의 영어 공부를 중간에 절대 그만두게 하지 마세요. 아이가 고등학교에 올라가서도 균형

있게 내신 성적을 잘 받기 위해서는 영어 공부에 들이는 시간을 조정하더라도 꾸준히 영어에 노출되는 과정이 반드시 필요합니다.

토플 리딩책으로
일석삼조 효과 얻는 법

초등 5~6학년은 영어 원서, 특히 소설책을 읽을 여유가 조금씩 없어지는 시기입니다. 아무래도 수학 선행 학습이 중요한 시기인지라 아쉽지만 영어 소설책을 읽을 여유까지는 없습니다. 1학년부터 4학년까지 영어책으로 영어를 자연스럽게 익히고 4대 영역의 토대를 쌓았다면, 5학년부터는 영어 실력을 압축적으로 길러나가야 합니다. 이 시기에 가장 좋은 학습법이 바로 토플(TOEFL) 리딩책을 공부하는 것입니다. 물론 이 시기에 영재고 입학시험을 준비하고 있거나 누가 봐도 이과형인 아이들은 주 1회씩만 영어에 노출되어도 괜찮습니다. 토플을 추천하는 것은 아이가 영어를 좋아하고 영어에 할애할 시간이 충분한 경우입니다.

토익(TOEIC)이 일상생활이나 비즈니스에 필요한 실용 영어 능력을 평가하는 시험이라면, 토플은 학술적 주제와 용어를 다룹니다. 한때 중고등학생 사이에서 토플 공부가 유행한 적이 있었지만 대학 입시에 반영되지 않으면서 인기가 한풀 꺾였습니다. 하지만 입시 반영 여부와 상관없이 초등 고학년 때 영어 실력을 키우기에 토플만큼 좋은 교재는 없습니다. 중고등학교 내신과 수능에서 독해가 가장 높은 비중을 차지하는 만큼, 초등 5~6학년쯤부터 토플 교재를 활용하면 여러모로 도움이 됩니다.

토플 독해 영역은 인문·자연·예술·과학·역사·시사·동식물·지리·기후 등 다양한 분야의 문학과 비문학 지문으로 구성되어 있습니다. 빅뱅 이론부터 아프리카 지리, 베토벤 음악까지 광범위한 영역을 다루다 보니 지문을 읽는 것만으로도 저절로 배경지식을 쌓을 수 있지요. 무엇보다 토플 교재에는 영어를 익히기에 좋은 엄선한 문장이 실려 있습니다. 단어도 마찬가지고요. 그래서 토플 지문을 읽고 분석하는 것만으로도 독해력을 상당히 끌어올릴 수 있습니다. 좋은 표현을 익히게 되니 영어 작문 실력을 키우기에도 부족함이 없고요.

그뿐만이 아닙니다. 토플 시험은 긴 지문을 읽고 거기에 딸린 여러 개의 문제를 푸는 방식입니다. 최근 수능 영어나 고등 내신에서 지문이 점점 길어지는 추세인데, 미리 토플

글로리아쌤의 초등 5~6학년 추천 도서

작가명	도서명
Louis Sachar	『Holes』
R. J. Palacio	『Wonder』
	『Auggie & Me : Three Wonder Stories』
J. K. Rowling	『Harry Potter』 시리즈
Erin Hunter	『Warriors』 시리즈
E. B. White	『Charlotte's Web』
Laura Ingalls Wilder	『The Little House』 시리즈
Andrew Clements	『School Stories』 시리즈
Kate DiCamillo	『The Tale of Despereaux』
Lois Lowry	『The Giver』
Susan Wise Bauer	『The Story of the World』 시리즈
Garth Sundem	『Hands on History』 시리즈
Kenneth Hodkinson	『Wordly Wise』 lever 5, 6, 7

지문을 접하다 보면 수능 영어 지문 길이는 아무것도 아닌 것처럼 느껴집니다. 또 글의 주제, 문장의 의미, 단어, 맥락 파악 등 다방면의 문제가 출제되기 때문에 저절로 문제를 푸는 고급 스킬을 익힐 수 있습니다. 시중에 나와 있는 토플 책을 공부하되 베이식 레벨(basic level)에서 시작해 2~3권 풀어본 다음, 인터미디어트 레벨(intermediate level)로 넘어가 2~3권 정도 푸는 방식을 추천합니다.

종합 영어 능력을 기르는 '영어의 꽃' 디베이트

아이가 6학년쯤 되었고 객관적으로 영어 실력이 어느 정도 쌓였다 싶을 때쯤 부모님들 눈에 들어오는 것이 생깁니다. 바로 영어 토론, 즉 디베이트(debate)입니다. 디베이트를 가리켜 '영어의 꽃'이라고 하는 이유는 종합적인 영어 능력이 드러나는 활동이기 때문입니다. 토론하기 위해 관련 자료를 읽고 이해하는 과정이 필요하며, 본인의 주장과 근거를 영어로 쓸 수 있어야 하고, 조리 있게 말하면서 상대방의 주장을 들어야 하니 결국 4대 영역이 골고루 발달한 상태여야 비로소 디베이트에 도전할 수 있지요.

6학년까지 영어의 기본기를 열심히 다졌고 아이가 영어에 흥미가 있다면 디베이트 학원을 4~6개월 정도 다니는 것도 좋은 학습 로드맵입니다. 대회에 출전하려면 다른 아이들과 팀을 짜서 준비하는 경우도 있는데 준비 과정이 만만치 않습니다. 그럼에도 시간 여유와 아이가 스스로 할 의지와 능력이 있다면 아주 좋은 경험이 될 수 있습니다. 하지만 많은 시간을 투입해야 하니 특목고를 준비한다든가 대회를 준비할 정도로 아이가 영어를 좋아하지 않으면 부모님의 신중한 판단과 선택이 필요합니다.

중학교 성적
A에 속지 마세요

한국식 영어 공부, 중 1부터 시작해도 충분합니다

듣기, 말하기, 읽기, 쓰기의 4대 영역을 골고루 배우다가 빠르면 초등 4학년, 늦으면 5학년이 되었을 무렵 부모님들 마음속에 슬슬 물음표 하나가 떠오릅니다.

'지금처럼 마냥 영어책만 읽고 있어도 될까? 이제는 좀 더 체계적으로 단어도 외우고 문법도 배워야 하는 게 아닐까?'

국어 문법도 중학교에 가서 공부하는데 왜 영어만 일찍 시작해야 한다고 생각하는 걸까요? 20년 넘게 영어를 가르친 경험으로 단호하게 말씀드리면 문법 공부는 중학교에 입학한 뒤로 미뤄도 괜찮습니다. 아이들의 뇌가 문법을 받아들이려면 중학교 1학년은 되어야 가능합니다. 동사, 형용사, 관계대명사 등 용어도 생소한 문법을 일찍 시작했다가는 자칫 영어에 대한 관심과 흥미를 떨어뜨리는 독으로 작용하기 쉽습니다.

문법을 배우는 이른바 '한국식 학원'으로 돌리는 순간, 유아 시기부터 초등 4학년까지 열심히 쌓아놓은 영어 감각이 빠르게 퇴화됩니다. 부모님들이 적지 않은 돈을 들여 자녀를 영어 유치원에 보내거나, 바쁜 와중에도 엄마표 영어 학습을 통해 일찍부터 영어를 접하게 하려는 이유가 무엇인가요? 영어 성적만 높은 아이가 아닌, 필요할 때 유창하게 영어를 사용하는 아이로 키우고 싶으셨기 때문 아닌가요? 초등 시기는 아직 책도 읽고 글도 써보면서 영어 감각을 충분히 길러야 하는 때입니다. 그러니 최대한 영어를 많이 보고 듣고 접하는 학습 방식이 장기적으로 아이의 진짜 영어 실력을 키워줄 수 있고요.

최근에는 부모님들의 이런 불안한 마음을 공략해 아예 영어로 된 교재로 문법을 가르치는 학원도 있습니다. 하지만 이런 교재는 영어가 모국어인 학생을 대상으로 만든 책이라 우리나라에서는 맞지 않는 부분도 있고 굳이 영어 교재를 사용해야만 얻을 수 있는 장점이 없습니다.

재차 강조하지만 문법은 중 3 겨울방학에 완성해도 충분합니다. 그럼에도 불안하다면 중학교 입학을 앞두고 맛보기로 문법을 선행하는 것을 추천합니다. 중학교에 올라가서도 내신 때가 아닌 평상시에는 단어 외우기와 독해 지문 분석하기에 초점을 맞춰야 합니다. 그래야 고등학교 입학 후 독해에 발목 잡히는 일이 없습니다.

단어 100개 외우는 가장 효율적인 방법

영어 독해의 기본은 단어입니다. 단어를 모르고서는 독해는 물론 영어를 잘할 수 있는 방법이 없습니다. 단어를 외우지 않고 영어를 잘하겠다는 말은 글자를 모른 채 책을 읽겠다는 것과 마찬가지입니다. 따라서 중학생이 되면 초등학교 때와 달리 본격적인 단어 외우기가 필요합니다. 그런데 아이들이 제일 싫어하는 것이 단어 암기입니다. 이 시기 유난히 영어 학원에 가기 싫어한다면 단어 외우는 숙제를 안 해서 그럴 가능성이 높습니다.

조금 더 빨리, 효율적으로 많은 단어를 외우는 방법을 알려드리면 '횟수를 늘린다'입니다. 일주일에 단어 100개를 외운다고 예를 들어보겠습니다. 5일 동안 외운다면 하루에 20개씩 나눠서 외우는 편이 좋을까요? 아닙니다. 그보다는 첫날 100개, 둘째 날도 똑같이 100개, 하는 식으로 5일 동안 같은 100개를 반복해서 외우는 방법이 효과적입니다.

첫날에는 100개 중 기억하는 것이 20개도 안 될 겁니다. 둘째 날에는 100개 중 20개쯤이 눈에 익숙하고, 셋째 날에는 40~50개 정도가 머리에 들어옵니다. 넷째 날에는 그때까지도 외우지 못한 단어를 메모장이나 아이패드에 정리해 가지고 다니면서 화장실에서, 학교 쉬는 시간에, 버스 안에서 외웁니다. 이런 식으로 반복해서 외우는 것이 훨씬 빠르게, 더 많이 외울 수 있고 머리에도 오래 남아 있을 수 있습니다.

내신 등급에 대한 부모님들의 착각

얼마 전 고 1 자녀를 둔 어머니께서 상담을 요청하셨습니다. 고등학교에 입학하고 첫 학기에 두 번의 시험을 치러보니 생각만큼 영어 성적이 나오지 않는다는 고민이었습니다.

"중학교 때는 곧잘 했던 아이인데 고등학교에 와서는 내신 등급이 기대만큼 나오지 않아 걱정이에요."

"중학교 영어 성적은 어땠나요?"

"별로 어렵지 않게 A를 받았죠. 90점 밑으로 내려간 적이 한 번도 없었거든요."

중학생 자녀를 둔 어머니들이 가장 많이 착각하시는 것이, 중학생인 지금 영어 성적 A를 받고 있으니 고등학교 가서도 무난히 1등급을 받을 수 있을 것이라는 생각입니다.

어머니 입장에서는 아이가 시험 며칠 전에 조금만 공부하면 영어 시험에서 A를 받다 보니, 고등학교에 가서 본격적으로 공부하면 당연히 더 좋은 성적을 받을 것이라고 믿습니다. 그런데 그 A에 현혹되면 고등학교 첫 시험부터 처절하게 눈물을 흘릴 가능성이 높습니다. 중학교 A가 고등학교 내신 1등급을 보장하지 않기 때문입니다.

중학교와 고등학교는 성적 산출 방식이 전혀 다릅니다. 중학교 성적 산출 방식은 절대평가를 채택하고 있어 자신이 얻은 점수만으로 성적이 매겨집니다. 점수마다 기준 등급이 있는데 지필 고사 점수와 수행평가 점수를 합해 100점으로 환산한 후 90점이 넘으면 무조건 A, 80점까지는 B입니다. 그러다 보니 국어·영어·수학 등 주요 과목에서 A를 받는 학생은 전체 학생의 30퍼센트가 넘습니다. 학군지

현행 고등학교 내신 9등급 체제

등급	상위 누적 비율
1등급	0~4%
2등급	4~11%
3등급	11~23%
4등급	23~40%
5등급	40~60%
6등급	60~77%
7등급	77~89%
8등급	89~96%
9등급	96~100%

에서는 이 비율이 50퍼센트까지 높아지고요. 영어 시험에 응시한 학생 수가 300명이라면 최소 100명 정도가 A를 받는다는 이야기입니다.

반면 고등학교 성적은 상대평가 방식으로 산출합니다. 중간·기말고사 등 지필 고사 점수와 수행평가 점수를 합해 100점으로 환산하는 것은 동일하지만, 학생들을 일렬로 세워 등수를 매긴 후 비율에 따라 등급을 부여하지요. 상위 4퍼센트까지는 1등급, 그다음 11퍼센트까지가 2등급입니다. 그 학교에서 영어 시험에 응시한 학생 수가 300명이라고 가정하면, 1등급을 받기 위해선 과목 석차 12등 안에 들어야 합니다. 설령 99점을 받는다 해도 99점보다 높은 점수를 받은 학생이 많으면 1등급을 받을 수 없는 것입니다. 심지어 과목 응시자 수가 적으면 1등급이 딱 1명인 경우도 있습니다. 중학교에서의 100등과 고등학교에서의 12등, 단순히 숫자만 비교해도 고등학교에서 가장 높은 내신 등급을 받기가 얼마나 어려운지 이해가 될 겁니다.

간혹 고등학교도 90점이 넘으면 1등급 아니냐고 물으시는 부모님들이 있습니다. 수능 영어 영역이 상대평가에서 절대평가로 바뀐 후 생긴 오해입니다. 수능에서 영어 영역

은 다른 과목과 달리 90점만 넘으면 1등급을 받는 절대평
가입니다. 하지만 절대평가라고 해도 2024학년도 수능에서
영어 1등급을 받은 학생이 4.71퍼센트였으니, 수능 영어 역
시 만만한 것은 아닙니다.

고등 내신 난이도, 중학교와는 완전히 다릅니다

중학교 성적을 산출하는 방법에 따르면 90점과 100점은 같
은 A를 받지만, 고등학교 내신 등급 체제에서 90점은 3등
급 정도에 해당합니다. 학군지 고등학교라면 4등급까지도
내려갑니다. 결국 같은 A라도 90점으로 A를 받은 학생과
100점으로 A를 받은 학생은 실력에서 꽤 많은 차이가 난다
는 뜻입니다. 그러니 현실적으로 중학교 때부터 100점에 가
까운 점수를 받아야 고등 내신 1등급을 노릴 수 있습니다.

　이런 현실을 제대로 인지하지 못한 부모님들은 중학교
와 고등학교는 내신 산출 방법이 다르다고 누누이 당부해
도 '우리 아이는 다를 거야'라고 생각하는 경우가 많습니다.
이런 분들에게 대치동 일대에 있는 고등학교 내신 영어 시

험지를 보여드리면 금세 얼굴이 심각해집니다.

중학교 시험은 교과서를 이해하면 어렵지 않게 90점 이상 받을 수 있게 하는 시험이지만, 고등학교 시험은 냉정하게 말해서 '1등부터 꼴등까지 등수를 매기기 위한 시험'입니다. 요즘은 대부분의 고등학교가 교과서를 주 교재로 하고, 수능 기출문제집을 부교재로 사용합니다. 그러니 일단 시험 범위가 상당히 많습니다. 여기에 대충 이해해서는 맞힐 수 없는 서술형 문제가 출제됩니다.

영어 시험이 어렵기로 소문난 대치동 J여고를 예로 들면 시험에서 31개 문항이 출제됩니다. 그중 22개가 객관식, 9개는 서술형입니다. 서술형 문제를 보면 교과서에 나오지 않는 단어를 제시하면서 지문의 내용을 요약하는 문장을 영어로 쓰라고 하지요. 제시한 단어를 그대로 활용해서 쓴다고 되는 것도 아니고, 동사라면 시제도 변형해서 써야 합니다. 시험 범위에 해당하는 교과서 지문을 다 외운다고 해도 풀기 어려운 문제, 출제 의도를 완벽히 파악해야만 비로소 100점을 받을 수 있는 문제가 부지기수입니다.

더 놀라운 사실은 이런 난이도에도 1등급 컷이 98점이라는 사실입니다. 98점은 객관식은 다 맞고 서술형에서 부분 감점을 받았을 때 가능한 점수입니다. 말하자면 서술형 문제에서 마침표 때문에 1점이나 2점만 깎여야 1등급을 받을 수 있다는 뜻이지요.

이 학교만 그런 것이 아닙니다. 대치동에 있는 대부분의 여자고등학교에서는 영어 1등급 컷이 98점, 남자고등학교는 96~97점 정도입니다. 2024년 1학기 H고등학교 1학년 영어 시험에서는 97점이 3등급을 받았습니다. 고등 내신의 냉정한 현실이지요. 마치 창과 방패의 싸움처럼, 학생들이 완벽하게 대비할수록 내신 변별력을 높이기 위해 시험문제도 덩달아 난도가 올라갑니다. 몇 년 전과 비교하면 해가 갈수록 시험도 극악무도하게 어려워지다 보니, 가르치는 저조차 혀를 내두를 지경입니다.

이처럼 고등학교 내신 시험은 중학교와는 전혀 다른 차원의 경쟁과 극악의 난도를 요구합니다. 암기나 벼락치기로는 해결할 수 없는, 더 높은 수준의 이해력과 종합적 문제해결 능력이 필요하지요. 따라서 중학교 성적에 안주하거나 막연하게 기대하지 말고 고등학교 내신을 미리부터 철저하게 대비해야 합니다. 중학교 때부터 워낙 뛰어난 아이라면 하던 대로 하면 됩니다. 하지만 그게 아니라면 중학교 시절의 공부 방법이나 습관을 이어가게 하지 마십시오. 고등학교에 진학하기 전에 이러한 현실을 직시하고, 자녀의 영어 실력을 객관적으로 평가할 수 있어야 합니다.

진검승부를 준비하는 중학교 3년

이 점을 간파한 부모님들 중에는 영재고나 특목고를 준비하는 게 아니면 중학교 내신 성적이 중요하지 않다고 판단하고, 선행 진도에 더 신경 쓰는 분도 종종 있습니다. 진짜 승부는 고등학교부터라고 생각하는 것이지요.

그렇다면 중학교 성적 A는 정말 의미가 없는 걸까요? 반은 맞고 반은 틀립니다. 중학교 학습 과정과 고등학교 학습 과정은 결코 별개가 아닙니다. 기본기의 중요성을 강조할 수밖에 없는 이유가 여기에 있습니다. 물론 중학교에서 100점만 받던 아이들도 쉽지 않은 것이 고등학교 내신이지만, 중학교 과정을 제대로 소화하지 않은 학생은 고등학교에 진학해 기본기에 숭숭 난 구멍을 메우느라 고생할 가능성이 높습니다. 중학교 과정을 제대로 학습한 학생이 고등학교 내신에서 나쁜 성적을 받을 리도 만무하고요.

　2028년부터는 내신 등급 체제가 현행 9등급에서 5등급으로 바뀔 예정입니다. 과도한 내신 등급 경쟁을 줄인다는 명분 아래 제도 개편이 예고되었지만, 이렇게 한다고 내신에 대한 부담이 덜어질까요? 절대 아니라고 생각합니다. 지금은 고등학교 3년간의 성적표에 1등급이 주로 보이면서 간혹 2등급이 한두 개 정도 있어야 의대나 SKY에 갈 수 있습니다. 3~4등급이 있으면 명문대에 진학하기 어려운 것이 현실입니다. 하지만 5등급 체제에서는 그만큼 변별력이 줄어들다 보니 2등급이 하나라도 있으면 명문대를 진학하기 어려워질 것으로 예상됩니다. 즉 5등급 체제로 바뀌면서 내신 경쟁은 훨씬 더 치열해진다는 뜻입니다.

　입시에 결정적인 영향을 미치는 성적은 고등학교 내신 성적이 맞습니다. 그런 점에서 진검승부는 고등학교부터 시작된다고 할 수 있겠지요. 하지만 고등학교 성적표의 뿌리는 결국 중학교 과정을 얼마나 충실히 학습했는지와 연결된다는 사실을 잊어서는 안 됩니다. 그러니 중학교 때는 막연한 기대감도, 과도한 불안감도 내려놓고 진짜 실력을 키우는 데 매진하는 것이 가장 중요합니다. 공부는 절대로 배

신하지 않으니까요.

고등 영어의 '골든타임' 중 3 겨울방학

공교육 과정이 평가하는 영어는 크게 단어, 문법, 독해 영역으로 나눌 수 있는데, 그중 고등 내신에서 체감상 가장 중요한 영역이 바로 문법입니다. 따라서 고등 내신에서 고득점을 얻고 싶다면 문법에 가장 비중을 두면서 단어와 독해를 보완하는 전략을 권합니다.

저는 특히 중 3 겨울방학을 강조합니다. 12월부터 2월까지 겨울방학 3개월간은 고등 영어 내신의 거의 전부라고 생각해도 될 정도로 중요한 기간입니다. 고등학교에 입학해서 1~2학년 시기에 하게 될 공부는 근본적인 실력 향상보다는 시험을 위한 단기 학습에 가깝기 때문이지요. 따라서 고등 내신을 위한 밑 작업으로 중 3 겨울방학 동안 문법을 완전히 내 것으로 만드는 것이 가장 중요합니다.

다만 중 3 겨울방학 때 처음 고등 영어 문법을 접하면 용어도 생소하고 쉽지 않기 때문에 고등학교 첫 시험에서 내신 1등급을 받기는 다소 어려울 수 있습니다. 따라서 중 3 여름방학에 문법을 처음 접하고 익숙해지는 적응기를 거친 뒤 겨울방학에 문법을 완성하는 그림이 가장 좋습니다.

치열한 고등 내신 영어,
고득점을 부르는 전략

자녀에게 수능 영어 문제를 풀어보게 했더니 1등급에 해당하는 점수가 나왔습니다. 그동안 영어 공부 열심히 한 보람이 있었다며 부모님은 내심 뿌듯해합니다.

'아직 3학년이 안 됐는데 이 정도 실력이면 중간고사 때 다른 과목에 좀 더 집중해도 되겠지?'

수능 영어와 내신 영어는 완전히 다른 영역입니다. 가장 큰 차이는 수능 영어는 '객관식'이라는 점입니다. 독해 문제집도 객관식입니다. 지문을 읽고 답을 찾는 객관식 문제는 아주 어려운 것만 아니면 해석을 대충, 혹은 '감'으로 해도 풀 수 있거든요 그런데 맞은 문제는 맞았으니 넘어가고, 틀린 문제는 답과 해설만 확인하고 넘어가는 일이 반복되면 근본적인 실력이 쌓이지 않습니다. 게다가 지문을 통째로 암기하는 수준으로 대비해야 풀 수 있는 내신 영어 시험에서는 감이 통하지 않습니다. 바로 이 때문에 고등학교 첫 영어 시험에서 충격적인 성적을 받는 것입니다.

고등 내신 영어는 단순한 독해 능력 이상을 요구합니다. 지문의 내용, 어휘, 문법을 완벽하게 이해해야 하며, 서술형 문제가 있어 주관식으로 답을 작성해야 합니다. 교과서나 부교재에 실린 지문을 이해하는 것은 물론, 구체적인 내용까지 꼼꼼하게 외워야 하고요. 즉 객관식 문제에서 감으로 찍어 맞히는 꼼수로는 내신 시험에서 좋은 성적을 기대할 수 없다는 뜻입니다. 오직 철저한 준비와 반복적인 학습이 필수입니다.

따라서 평소 수능 모의고사 1등급을 받는 학생이라도 내신 영어에서 높은 점수를 받기 위해서는 내신 시험의 특성을 이해하고 그에 맞는 공부 방법을 적용해야 합니다. 어릴 적부터 꾸준히 쌓아온 영어 실력을 바탕으로 고등 내신 시험에 특화된 학습법을 적용해야 합니다.

우리 학교는 어떤 유형에 속할까

내신 시험은 학교마다 문제 유형이나 출제 경향이 크게 다릅니다. 따라서 자신이 다니는 학교의 기출문제를 분석하는 것이 가장 중요합니다. 학교 시험이 암기만으로 100점을 받을 수 있는 수준인지, 아니면 변형된 문제가 많이 출제되어 기본 실력이 필요한지 꼼꼼하게 파악해야 합니다.

만약 대부분 암기로 해결되는 문제를 많이 내는 학교라면 암기 과목이라 생각하고 단어, 표현, 문법 등을 꼼꼼히 외워야 합니다. 교과서 지문은 물론이고 선생님이 수업 시간에 하시는 말씀을 토씨 하나 빼놓지 않고 적어두는 것이 큰 도움이 됩니다.

반면 교과서 외에 부교재를 사용하면서 변형된 문제를 많이 내는 학교라면 단순 암기보다 이해를 바탕으로 학습해야 합니다. 먼저 영어 지문을 읽고 제대로 이해하는 능력은 필수입니다. 독해 연습을 통해 다양한 주제와 문형에 익숙해지고, 단어와 표현을 문맥 속에서 이해하는 능력을 키워야 하지요. 또 문법과 구문을 분석해가며 문장구조를 파악해 출제자의 의도를 알아낼 수 있어야 하고요. 이런 능력은 하루아침에 벼락치기로 기를 수 없으니 결국 기본기를 탄탄하게 다지는 방법밖에 없습니다.

수능 대비, 고 2까지는 이렇게

고등학교 1~2학년 방학 기간은 고 3 모의고사 문제를 풀면서 집중적으로 독해 능력을 길러야 하는 시기입니다. 특히 중 3 겨울방학 때 문법을 완전히 습득하지 못했다면, 내신을 준비하기 위해서라도 문법부터 빨리 내 것으로 만들어야 합니다. 문법을 어느 정도 익혔다면 수능 지문을 읽고 정확히 해석할 수 있도록 모든 노력을 기울여야 합니다.

어릴 적부터 영어에 많이 노출된 학생들은 감이 좋아서 해석은 정확하지 않더라도 어렵지 않게 답을 맞힐 수 있습니다. 이러한 능력은 비교적 어렵지 않은 고 1~2 모의고사에서는 통할 수 있지만 실제 수능에서는 통용되기 어렵습니다. 따라서 비교적 시간 여유가 있는 1~2학년 시기에는 모의고사에서 틀린 문제 수에 집착하기보다 지문 자체를 샅샅이 분석하는 것이 중요합니다.

가장 좋은 교재는 수능 기출문제와 고 3 모의고사 문제입니다. 지문에서 어려운 단어와 표현을 정리해 철저히 외우고 주제와 핵심 내용을 파악하는 것이 첫 단계입니다. 수능 영어도 국어와 마찬가지로 엄연히 논리가 있습니다. 문장 간의 논리적 흐름을 분석하면 지문 전체를 이해할 수 있고 나중에 비슷한 지문이 출제됐을 때 자신 있게 접근할 수 있습니다.

틀린 문제나 맞혔더라도 헷갈렸던 문제는 반드시 다시 풀어보고 이유를 분석해야 합니다. 문장구조를 잘못 파악한 건지, 지문의 흐름을 이해하지 못했는지, 핵심 단어의 뜻을 몰랐는지 등 원인을 분석하는 과정에서 자신의 약점을 보완할 수 있습니다. 맞힌 문제 또한 해설지를 참고해 자신의 해석과 비교해보길 권합니다. 알고 있다고 생각했는데 실제로는 제대로 알지 못했던 내용을 파악할 수 있어 반드시 필요한 과정입니다.

마지막으로 독해 실력을 향상시키기 위해서는 다양한 주제의 지문을 접해봐야 합니다. 문학·비문학·과학·역사 등 여러 분야의 지문을 읽어보며 배경지식을 쌓고, 다양한 글의 구조와 논리를 익히는 것이 도움이 되거든요. 이 과정을 통해 어떤 지문이 나오든 당황하지 않고 자신 있게 접근할 수 있습니다.

결론적으로 고등 1~2학년 방학 기간에는 고 3 모의고사 문제를 통해 독해 실력을 강화하고, 어려운 지문을 집중 분석해 약점을 보완하는 것이 중요합니다. 완벽한 문법 정리와 다양한 지문 분석을 반복해 실전 수능에서 높은 점수를 받을 수 있도록 꾸준히 노력해야 합니다.

전략적 분배가 필요한 고 3

고 3이 되면 그야말로 수능이 코앞입니다. 이 시기에는 다른 과목을 대비하기 바빠 영어에 할애할 시간과 여유가 거의 없습니다. 어렸을 때부터 영어를 꾸준히 공부해온 학생들은 이 시기에 영어에 오랜 시간을 들이지 않아도 안정적으로 1등급을 받을 수 있습니다.

수능 영어는 절대평가로 성적을 매기므로 90점만 넘으면 1등급을 받을 수 있습니다. 1등급인 이상 91점이든 98점이든 상관없습니다. 고 3 모의고사를 풀었을 때 어렵지 않게 1등급이 나온다면 더 급한 다른 과목에 시간을 투자해도 괜찮습니다. 만약 모의고사에서 90점을 받지 못하고 있다면 다음 방법이 필요합니다.

첫째, 모의고사에 자주 나오는 단어와 표현을 꾸준히 외워야 합니다. 지문을 읽다 보면 나오는 횟수가 많은 단어와 표현이 있으니 정리해두고 반복적으로 익혀야 합니다.

둘째, 해설을 통해 문제 해결법을 익히는 것도 중요합니다. 정답을 확인하고 틀린 문제를 다시 풀어보는 것만으로는 부족합니다. 모의고사 해설을 꼼꼼히 읽고 출제자의 의도와 논리를 파악하는 연습을 합니다. 단, 모의고사는 철저히 분석하되 지나치게 많은 시간을 할애하지 말아야 합니다. 중요한 것은 문제를 풀어가며 자신의 약점을 파악하고 그 부분을 집중적으로 강화하는 것입니다.

고 3 시기에 가장 중요한 것은 영어뿐 아니라 모든 과목에서 높은 성적을 받는 것이겠지요. 그러니 가장 중요한 목표를 여기에 두고 영어와 다른 과목에 시간과 에너지를 적절히 분배하는 전략이 필요합니다.

감으로 독해하는 우리 아이, 진짜 실력 파악하기

제대로 해석하지 못할 때 필요한 독해 트레이닝

아이가 영어 원서도 곧잘 읽고 문제도 잘 푼다고 안심하는 부모님들이 많은데 여기서 반드시 짚고 넘어가야 할 중요한 포인트가 있습니다. 바로 '제대로' 읽고 있는지 확인해야 한다는 것입니다. 방법은 간단합니다. 독해 문제집을 펴서 지문의 첫 줄부터 끝까지 해석하게 시켜보는 겁니다. 아이가 해석하면 부모님은 옆에서 해설지를 보면서 비교하는 것이지요. 한 줄씩 해석하는 모습을 지켜보면서 아이의 현재 영어 실력을 가늠하고 어떤 부분이 부족한지 알 수 있습니다. 만약 "이것도 못해?"라면서 큰 소리를 낼 것 같다거나 부모님이 영어에 자신이 없다면 다니고 있는 학원 선생님에게 부탁하는 것도 괜찮습니다. 아이가 해석하는 것을 보면서 어떤 부분이 부족한지 살펴봐달라고 요청하면 됩니다.

독해를 제대로 하지 못하는 데는 세 가지 이유가 있습니다. 어휘가 부족하거나, 문장구조를 파악하지 못하거나, 배경지식이 부족한 경우입니다. 어휘 문제라면 단어를 외우면 되고, 문장구조를 파악하지 못한다면 어떻게 끊어야 하는지 어법을 익히면 됩니다. 의미를 파악하지 못하는 것은 아직 나이가 어려서일 수도 있습니다. 초등학생이나 중학생이 철학 지문을 이해하기는 어려우니까요. 이 경우는 아이의 지식이 늘어나면 저절로 해결되는 문제입니다.

만약 심각하다고 느낄 정도로 독해를 못한다면 특별 훈련이 필요합니다. 하루에 단 5개 지문이라도 해설지를 펴놓고 "이게 주어고, 이게 동사고, 이게 분사야" 하는 식으로 구조를 파악하는 것만이 방법입니다. 이런 식으로 일일이 모든 지문을 한 줄씩 비교하면서 정확히 해석하는 연습을 하다 보면 짧게는 두세 달 만에 독해 실력이 눈에 띄게 향상될 수 있습니다.

　다만 이 방법은 마음을 독하게 먹지 않는 한 혼자서 하기는 쉽지 않습니다. 특히 영어 성적이 중간 이하라면 누군가의 도움이 반드시 필요합니다. 사실 이렇게 한 줄 한 줄 문장구조를 파악하고 해석하는 수업 방식은 가르치는 입장에서는 꽤 고되어서 전문 과외 선생님들은 그리 달가워하지 않습니다. 이때 좋은 방법이 바로 자녀가 지금 다니고 있거나 앞으로 다닐 고등학교 출신의 대학생 과외 선생님을 구하는 것입니다. 학교 내신 출제 경향과 선생님들의 출제 스타일도 알려주고 대학 생활 등도 이야기하면서 지루하지 않게 공부할 수 있습니다.

　독해가 잘 안 된다면 어휘에도 문제가 있을 겁니다. 단어책을 보면서 50개씩 단어를 외우는 것도 좋지만, 그날 풀어보거나 분석한 모의고사 지문에서 모르는 단어 50개를 같이 외우는 것이 더 오래 머리에 남습니다. 그 지문을 선생님과 2~3시간 동안 머리를 싸매고 해석했기 때문에 단어책에 있는 단어를 무작위로 외우는 것보다 훨씬 효과적입니다.

영어 5등급이 서울대 간 비결

H고에 다니는 민성이는 1학년 영어 내신이 5등급이었습니다. 5등급이면 기본이 하나도 없는 것과 다름없는 상태입니다. 제 수업이 끝나면 학생들이 모르는 내용을 질문하려고 앞에 나와 줄을 서는데, 민성이는 언제나 가장 마지막 순서였습니다. 물어볼 내용이 너무 많았거든요.

"선생님, 이건 어떻게 해석해요?"

문법도 어휘도 안 되니 해석할 수 있는 문장이 반도 안 됐습니다. 한 문장씩 같이 해석하다 보면 어느새 학원 문 닫을 시간이 되곤 했습니다. 빨리 집에 가서 쉬고 싶은 마음이 굴뚝같았지만, 하루 종일 학교와 학원을 오가느라 피곤할 텐데 모르는 문제를 끝까지 붙들고 해결하려는 민성이의 성실함이 너무나 기특했습니다. 더구나 민성이는 영어 성적은 낮았지만 다른 과목은 성적이 좋아서 영어만 잘한다면 SKY에 충분히 진학할 수 있을 듯 보였습니다. 결국 저는 '오늘부터 퇴근 시간은 12시다!'라고 마음을 바꿔 먹기로 했지요.

수업이 끝나면 문법에서 확실히 숙지하지 못한 내용을

다시 알려주고 모르는 단어는 다음 시간까지 외워 오게 했습니다. 그렇게 고 2 내내 마치 과외를 하듯이 민성이와 시간을 보냈습니다. 2학년이 끝날 무렵부터는 민성이 혼자 공부하게 되었지요. 그리고 1년쯤 지난 어느 날 민성이가 학원으로 찾아왔습니다.

"선생님, 저 기억하세요?"

"그럼! 1년 못 봤다고 기억 못할 리가 있니? 수능은 잘 봤어?"

"저 이번에 서울대 붙었어요. 그때 정말 감사했다고 인사 드리려고 왔어요."

영어 5등급으로 시작한 아이가 서울대라니, 밤늦게까지 함께 공부한 시간이 헛되지 않았구나 싶어 오히려 제가 고마웠습니다.

민성이의 예를 통해 알 수 있듯, 문제점과 원인을 확실히 파악하고 제대로 된 공부 전략으로 몰두한다면 뒤늦게 시작해도 불가능한 것은 아닙니다. 현재 영어 기초가 없거나, 해석은 잘하는데 성적이 잘 안 나온다면 반드시 아이의 실력을 객관적으로 파악해야 합니다. 그래야 내신 영어와 수능 영어에서 좌절하지 않을 수 있습니다.

대치동
수학 천재들은
무엇이 다를까

우리 아이 첫 수학 공부는 이렇게

5세까지 내려온 수학 공부

최근 몇 년간 대입 체계에 큰 변화가 일어나고 있습니다. 가장 중요한 변화를 꼽으라면, 수능에서 영어가 절대평가로 전환되면서 수학이 변별력을 가르는 과목으로 부상했다는 점입니다. 원래 높았던 수학의 중요성이 상대적으로 더욱 부각되면서 많은 부모님들이 자녀에게 일찍부터 수학 교육을 시키고 있습니다. 몇 해 전만 해도 수학 공부를 초등 4학년쯤 시작했지만 지금은 출발점이 1학년으로 내려갔지요. 더 나아가 5~6세부터 사고력 수학이라는 이름으로 수학 개념을 일상에 응용하는 다양한 활동을 경험하는 것이 최근 대치동의 트렌드입니다.

유아기에는 다양한 크기와 재질의 교구를 활용해 아이들에게 수학적 감각을 길러주는 것이 중요합니다. 프뢰벨, 몬테소리, 오르다 같은 전통 있는 교구 브랜드들은 영유아의 오감과 소근육 발달에 효과가 있어 많은 부모님이 활용하시곤 합니다. 책이 아닌 교구를 활용할 때의 가장 큰 장점은 놀이를 하듯 자연스럽게 수학에 접근할 수 있다는 점입니다. 게다가 교구 수업은 단순히 수학 개념을 배우는 것을 넘어 아이들이 몸으로 수학 개념을 익히는 데 큰 도움을 줍니다. 예를 들어 다양한 모양과 색상의 블록을 쌓고 분류하는 활동을 통해 자연스럽게 수와 도형의 개념을 배울 수 있지요. 이는 사고력을 키우고 확장하는 데 매우 중요한 역할을 합니다.

특히 생후 36개월 무렵은 두뇌 발달이 가장 활발하게 이루어지는 시기이므로, 다양한 자극을 주는 것이 매우 중요합니다. 이 시기에 아이들에게 수학적 사고를 기를 수 있는 환경을 어떻게 제공하느냐는 이후의 학습에도 적지 않은 영향을 미칩니다. 영유아 시기 수학 학습은 다양한 방식으로 이루어질 수 있습니다. 전문 선생님이 방문해 수업을 진행하는 방법도 있고, 요즘 늘어나고 있는 유아 수학 전문 기관이나 문화센터 등에서 다른 아이들과 함께 수업을 받을 수도 있습니다. 중요한 점은 어떤 방식이든 아이가 즐겁게 놀이하듯 할 수 있어야 한다는 것입니다.

실생활에서도 수학적 개념을 접할 기회는 많습니다. 다양한 생활 속 물건을 활용해 아이와 시간을 보내는 것도 좋은 방법입니다. 시계를 보는 것, 형제자매와 과자를 나누는 것, 엄마와 함께 요리하면서 채소를 똑같은 개수만큼 나눠보는 것, 색종이를 접고 오려 도형을 만드는 것 등을 통해 일상에서 자연스럽게 수학적 사고를 키울 수 있습니다.

요즘 초등 수학의 필수 코스 '사고력 수학'

부모 세대가 학교 다니던 시절, 수학은 대체로 공식을 외워 문제를 푸는 것이 중요했습니다. 그러나 지금 세대는 다릅니다. 요즘 아이들의 수학 교과서를 들여다보면 하나같이 강조하는 단어가 있습니다. '사고력' 그리고 '창의성'입니다. 암기보다는 이해를 우선하며 공식보다는 문제 해결력을 중요하게 여기는 시대가 온 것이지요.

이처럼 요즘 교과과정은 예전과는 비교가 되지 않을 정도로 수학적 사고력을 강조합니다. 그래서인지 사고력 수학 문제집, 사고력 수학 학원 등이 유행처럼 번져 수학 사교육의 주인공으로 당당히 자리 잡았습니다. 요즘은 영유아기에 교구를 통해 수학 원리에 어느 정도 익숙해지는 과정을 거쳐, 초등 입학부터는 본격적으로 '사고력'을 키우는 수학 공부에 진입합니다. 사고력 수학은 단순 계산보다 문제를 다각도로 접근해 풀어보며 창의력과 문제 해결력을 키우는 데 방점을 둡니다. 다양한 활동으로 수 개념, 도형, 공간지각력, 추론 능력을 자연스럽게 키울 수 있습니다. 여기에 수학 개념을 활용한 보드게임 등 친구들과 함께 하는 활동을 통해서도 즐겁게 수학을 접할 수 있고요.

원래 사고력 수학은 특목고나 영재고 입학시험에 대비하기 위해 등장한 것인데, 대치동에서는 인기 있는 수학 학원에 들어가기 위해 배우는 경우가 많습니다. 대치동에서 대표적인 사고력 수학 학원으로는 소마사고력수학, CMS영재교육센터, 시매쓰, 필즈더클래식 등이 있습니다. 사고력 수학 문제집으로는 시매쓰에서 출판한 『1031 문제집』이 가장 유명하지요.

　어떤 과목이든 아이들은 재미있어야 더 열심히 합니다. 교구와 게임 등을 활용해 자연스럽게 수학 머리를 깨우는 사고력 수학은, 당장 결과가 눈에 보이지 않지만 학년이 올라가면서 그 진가를 발휘합니다. 특히 수학 개념이 심화되고 문제가 복잡해질 때 큰 도움이 되는데, 어려운 문제 푸는 것 자체를 재미있고 도전적인 활동으로 인식하게 하는 데 큰 역할을 합니다. 마지막으로 사고력 수학은 단순히 답을 구하는 것을 넘어, 문제를 다각도에서 접근하고 해결하는 능력을 길러줍니다. 예를 들면 한 문제를 여러 가지 방법으로 풀어본다거나, 논리성을 필요로 하는 '명제'의 참과 거짓을 판단하는 연습 등이 사고력을 요구하는 활동이라고 볼 수 있습니다.

연산이라는 주춧돌, 사고력이라는 건물

시험을 망친 아이에게 "왜 이 점수가 나온 것 같아?"라고 물어보신 적 있으신가요? 시험공부를 전혀 안 한 아이를 제외하면, 돌아오는 답은 대체로 "계산 실수가 있었어" 또는 "시간이 부족했어"라는 말일 겁니다. 아이들은 왜 계산 실수를 하는 걸까요? 아니, 시간은 모든 응시자에게 똑같이 주어지는데 왜 우리 아이는 시간이 부족하다고 하는 걸까요?

계산 실수나 시간 부족이나 이유는 하나입니다. 연산 기초가 탄탄하지 않기 때문이지요. 연산이 능숙하지 못해 계산 실수를 하는 것이고, 실수를 피하려고 천천히 계산하다 보니 시간이 부족해지는 겁니다. 사고력 수학이 강조되면서 연산은 기계적으로 문제를 푸는 과정이라 보고 예전보다 중요도가 낮아졌습니다. 그러나 수학머리만 있다고 누구나 수학에서 1등급을 받을 수 있는 것은 아닙니다. 대한민국 수험생에게 '시간이 널널한' 시험은 별로 없습니다. 어떤 과목이든, 어떤 시험에서든 아이들은 시간 부족이라는 어려움에 직면합니다.

시간 부족을 해결하는 가장 근본적인 방법이 '연산'입니다. 연산력은 비유하자면 자동차의 '엔진'과도 같은 존재입니다. 자동차가 목적지에 빠르게 도착하기 위해서는 길을 잘 찾아서 효율적인 경로로 가는 것도 중요하지만, 길을 찾고 난 다음에는 '빠르게' 달리는 능력도 중요하거든요.

초등 저학년 수학은 덧셈, 뺄셈, 곱셈, 나눗셈 등 기본적인 연산이 대부분이라 연산을 잘하면 수학에 대한 자신감을 얻을 수 있습니다. 연산부터 틀리면 저학년부터 '수학은 어려운 과목'이라는 두려움을 갖기 쉽습니다. 기본적인 연산이 숙달되어야 수학 공부가 어려워졌을 때도 빠르게 계산할 수 있고요. 연산은 수학의 기초를 탄탄히 다지는 데 매우 중요한 역할을 합니다. 연산 능력이 뛰어난 아이들은 수학 문제를 풀 때 속도와 정확도가 높은 편이며, 이는 시험 시간 내에 문제를 모두 풀어내는 데 큰 역할을 합니다.

탄탄한 연산력은 고등 내신에서도 큰 힘이 됩니다. 내신을 준비하는 고등학생들이 '연산으로 밀어붙인다'라는 표현을 쓰는 경우가 있는데, 모르는 문제가 나와도 무작정 계산하면 어느 정도 풀린다는 뜻입니다. 어려운 문제일수록 문제를 푸는 방법이 한 가지가 아닌 경우가 많습니다. 간단하고 이상적인 풀이법이 있는 반면, 다소 복잡하고 멀리 돌아가는 풀이법도 있습니다. 만약 시험문제에서 소위 킬러 문항이나 정말 까다로운 문제가 나왔다면, 어떤 방법을 동원하든 풀어서 답을 찾아야 합니다. 바로 이때 필요한 것이 연산 능력이지요. 복잡한 풀이 과정을 마지막까지 실수 없이 끌고 가는 것, 그리고 이 과정에서 스스로를 믿는 것. 연산을 잘하면 이 두 가지가 가능합니다.

따라서 사고력 수학에만 매진하고 연산을 소홀히 하고 있다면 학습 방향을 다시 점검해야 합니다. 연산이라는 기초가 튼튼해야 사고력이라는 건물을 잘 쌓아 올릴 수 있습니다. 연산 학습은 무엇보다 '꾸준히', '반복해서' 연습하는 것이 중요합니다. 몇 달 몰아서 연산 공부만 하는 것보다는 몇 년에 걸쳐 조금씩 더 어려운 연산을 훈련하는 것이 장기적으로 훨씬 도움이 됩니다. 연산에도 단계가 있으며 계산 속도는 단기간에 늘지 않기 때문입니다. 매 단계에 걸쳐 다양한 연산법에 익숙해지고, 훈련을 거듭해 속도와 정확도를 높이는 것이 연산 학습의 궁극적인 목표입니다.

수학 선행,
어디까지 해야 할까

수학의 중요성이 날로 높아지는 상황에서 수학 선행 학습을 어디까지 시켜야 할지 고민하는 부모님이 많습니다. 정답은 없습니다. 아이가 무리 없이 따라가고 있다면 굳이 속도를 늦출 필요 없고, 아이가 힘들어하면 속도를 낮추면 됩니다. 부모님들은 초등 4학년 때 초등학교 과정을 끝내고 6학년 때 고등학교 과정을 배우지 않으면 큰일 나는 것처럼 생각하시지만 그렇지 않습니다.

대치동 아이들의 3가지 수학 선행 코스

그간 대치동에서 많은 아이들을 가르치고 제 아이를 키워 보니 수학 선행 학습 로드맵은 크게 세 가지로 분류할 수 있습니다. 첫 번째는 영재고 입학시험이나 KMO(한국수학올림피아드) 같은 주요 경시대회를 준비하는 수학 재능형인 경우, 두 번째는 의대나 공대 등을 지망하는 이과형인 경우, 세 번째는 명문대 진학을 목표로 기본적인 선행 학습을 하는 경우입니다.

유형에 따른 수학 선행 학습 로드맵

	영재고 또는 KMO 준비	이과형 아이	기본 선행
초 1~2	초등 진도 끝내기	한 학년 선행	반 학기 또는 한 학년 선행
초 3~4	중등 전 과정 끝내기 (초 3) 고등 과정 시작하기 (초 4)	한 학년 선행	반 학기 또는 한 학년 선행

초 5~6	KMO 준비	중등 전 과정 끝내기 (초 6)	반 학기 또는 한 학년 선행 (KMO 도전 여부 결정)
중 1	KMO 준비	수학 상, 하	중등 전 과정 끝내기
중 2	KMO 준비(입상 ○) 수학 상, 하 + I (입상 X)	수학 I, II, 미적	수학 상, 하 + 수학 I
중 3	수 II, 미적, 확통, 기하 *고등 전 과정 끝내기	미적, 확통, 기하 *고등 전 과정 끝내기	수학 II, 미적 *고등 전 과정 끝내기
고 1	(현행) 수학 상, 하(내신) (선행) 수학 I, II (방학)	(현행) 수학 상, 하(내신) (선행) 수학 I, II (방학)	(현행) 수학 상, 하(내신) (선행) 수학 I, II (방학)
고 2	(현행) 수학 I, II (선행) 미적, 기하, 확통	(현행) 수학 I, II (선행) 미적, 기하, 확통	(현행) 수학 I, II (선행) 미적, 기하, 확통
고 3	미적, 확통, 수능 실전 문제	미적, 확통, 수능 실전 문제	미적, 확통, 수능 실전 문제

초등 1~2학년은 본격적으로 수학을 공부하기에는 다소 어린 나이라 선행 속도도 그리 빠르지 않습니다. 진도를 빨리 나간다는 개념보다 처음 수학을 접하며 아이의 기질을 파악하는 데 중점을 두고요. 그러다 3학년이 되면서 수학을 선행하는 목적과 아이의 성향에 따라 학습 로드맵이 완전히 달라집니다. 1~2학년 때 아이가 수학에서 두각을 나타내고 재능이 있다 싶으면 일찌감치 영재고 진학을 목표로 삼고 수학 선행 진도를 빠르게 나가며 KMO(한국수학올림피아드)를 준비하기도 합니다.

대치동에서는 초등학교 3학년 때 중학교 과정을 배운다고 하면 깜짝 놀라는 분도 있을 겁니다. 1~2학년에 초등학교 6년 과정을 마칠 수 있다면, 3학년이 되었을 때 중학교 과정을 배우는 것은 크게 어렵지 않습니다. 다만 어디까지나 아이가 이해하고 잘 따라온다는 전제하에 가능하다는 뜻입니다.

선행 학습의 범위와 속도를 결정할 때 결정적인 것 두 가지를 뽑으라면 무엇일까요? 유명 학원의 커리큘럼도, 주변 아이들의 진도와 범위도 아닙니다. 바로 아이의 학습 능력과 흥미입니다. 남들처럼 1년 동안 어디까지는 진도를 빼야 한다고 너무 빠른 속도로 선행 학습을 하다 보면 아이가 과목 자체에 흥미를 잃을 수 있습니다. 반대로 너무 느리게 진도를 나가면 재미가 없어서 흥미를 갖지 못합니다. 결국 아이 스스로가 소화할 수 있는 수준의 선행 학습이어야만 효과가 있습니다. 즉 적절한 속도로 선행 학습을 하면서 아이의 학습 능력을 '최대한' 끌어올리는 것이 관건입니다. 수학 선행 학습의 목표는 단순히 진도를 나가는 것이 아니라, 아이가 수학 개념을 완전히 이해하고 응용할 수 있도록 돕는 것임을 기억하셔야 합니다.

어떤 아이는 진도를 빨리 나가면서도 개념을 잘 이해할 수 있지만, 어떤 아이는 느린 속도로 천천히 배우며 개념을 이해하는 편이 더 효과적일 수 있습니다. 따라서 다른 아이와 비교하지 말고 우리 아이의 학습 스타일을 파악하고 그 속도에 맞게 계획을 세우는 것이 관건입니다. 선수의 능력과 장단점을 파악해 '우승'이라는 목표를 향해 전략을 짜는 감독과 같은 마음으로 접근해야 한다는 것을 기억하세요.

속도보다 중요한 건 구멍 없는 기본기

초등 저학년 때 초등학교 수학 전체 과정을 끝내면 부모님
들은 '우리 아이가 혹시 수학 천재인가?' 하고 내심 기대하
곤 합니다. 그런데 분명히 알고 계셔야 할 것이, 초등 수학
은 그리 어렵지 않아 수학적 재능이 특출나지 않아도 한 학
기 과정을 두어 달이면 끝낼 수 있다는 점입니다. 그 때문에
아이가 강력하게 거부하지만 않는다면 자연스럽게 6년 과
정을 3학년이 되기 전까지 선행할 수 있지요.

그런데 진도를 나가는 것과 제대로 이해하는 것은 다른
차원입니다. 생각해보면 요즘은 선행 학습을 하지 않는 아
이가 거의 없을 텐데도 학교 시험에서 100점을 맞지 못하
는 경우가 꽤 많습니다. 중학교 과정까지 배워놓고도 초등
학교 시험에서 100점을 맞지 못하는 이유는 제대로 이해하
지 못한 상태로 진도만 나갔기 때문입니다. 수학은 순차적
으로 배우는 과목이기 때문에 이전 단계에 배운 내용을 정
확하게 이해하고 있어야 합니다. 곱셈과 나눗셈을 못하는
상태에서 분수 문제를 풀 수 없겠지요.

따라서 지금 아이가 기본기를 차근차근 쌓고 있는지 확

인해야지, 진도에 목숨 걸고 '우리 애는 벌써 중학교 과정 나가니까 괜찮겠지'라고 생각하는 것은 금물입니다. 지금 배우는 수학 개념부터 제대로 이해하는 것이 가장 중요합니다. 문제를 다 풀었다던가, 다 맞혔다는 것만으로는 충분하지 않습니다. 모든 개념을 정확히 알고 있으면서 틀린 문제의 오답 풀이까지 완벽해야 제대로 이해했다고 할 수 있습니다.

대치동 최상위권 학생들의 이야기를 들어보면 어릴 적부터 진도만 빨리 나가는 것이 아니라 오답 노트를 꼼꼼히 챙기며 공부한 경우가 대부분이었습니다. 오답 노트를 활용하는 방식도 다양합니다. 수학 머리가 뛰어난데도 개념을 완벽하게 이해하기 위해 같은 문제집을 3권 샀다는 학생이 있었습니다. 처음부터 끝까지 쭉 풀어보고, 모르는 문제만 모아서 두 번째로 풀고, 그렇게 해도 틀리는 문제를 모아 세 번째로 풀었다는 겁니다. 그런가 하면 스마트폰 카메라로 틀린 문제만 찍은 후 이것을 프린트하고 제본해서 나만의 문제집으로 만들었다는 학생도 있었고요.

이처럼 오답 노트는 어떤 방법으로 활용하든 상관없습니다. 개념을 완전히 자신의 것으로 만들 수 있기만 하면 됩니다. 단 부모님께서는 아이가 오답 노트를 활용해 이런 과정을 제대로 밟아나가고 있나 살펴보아야 합니다.

결국 수학 선행에서 가장 중요한 것은 속도보다 구멍 없는 기본기를 기르는 것입니다. 잘 쌓인 기본기는 수학 개념을 깊이 이해하고 점점 어려워지는 교육과정에서 문제 해결력을 기르는 데 결정적인 역할을 합니다. 반면 제대로 이해하지 못하고 수박 겉핥기처럼 진도만 나간 선행 학습은 한마디로 '사상누각(沙上樓閣)'입니다. 모래 위에 쌓은 성은 기초가 부실해서 쉽게 무너지기 마련인 것처럼, 제대로 이해하지 않은 채 진도만 나가기 바쁜 공부 방식은 머지않아 부실함이 여실히 드러납니다.

그러니 주변 아이들의 선행 속도에 휘둘리지 말고 우리 아이만의 속도로 차근차근 기본기를 쌓아나가게 해주세요. 지금은 뒤처지는 것 같아 답답하고 조급한 마음이 들지라도, 그렇게 쌓은 기본기가 강력한 무기가 될 것입니다.

우리 아이 수학 공부의 목적은 무엇입니까

대한민국 초등 수능 'H학원 입학 고사'

H학원은 현재 전국 초등 학부모들 사이에서 가장 인기 있는 수학 학원입니다. 어머니들 사이에서는 명품 백보다 이 학원 가방을 든 어머니를 더 부러워한다는 말이 있을 정도지요. 대치동에서 사고력 수학 학원으로 시작한 이 학원은 현재는 전국 주요 지역에 분원을 두었습니다. 4학년부터 반이 개설되어 있어 대체로 3학년, 빠르면 2학년 때 입학시험을 보는데 전국 모든 분원에서 매년 같은 날, 같은 문제로

시험을 치릅니다. 최근에는 무려 8,000명이 시험을 치렀고, 떨어지면 계속 준비해 재수나 삼수를 하는 아이들도 있다 보니 '초등 수능'이라고 지칭할 만합니다. 이처럼 경쟁이 치열한 탓에 이 학원 입학시험을 대비하는 다른 학원에 다니거나, 별도로 과외를 받는 아이들이 적지 않습니다.

부모님들 사이에서 이 학원이 인기 있는 이유는 문제 해결력을 눈에 띄게 키워주기 때문입니다. 스스로 답을 찾는 과정에서 실력이 키워진다는 교육 철학을 가지고 있어 수업 후 과제를 다 풀 때까지 집에 보내지 않습니다. 그뿐만 아니라 답지를 주지 않고 끝까지 혼자 답을 구하도록 유도하지요. 이 과정을 버거워하는 아이들도 있지만, 버텨낼 수만 있다면 수학 실력이 쑥쑥 자라는 것이 눈에 보이기에 부모님들의 만족도가 높습니다.

사실 영재고나 과학고 등을 지망하는 아이가 아니라면 초등학생이 그토록 어려운 문제를 풀 이유는 없습니다. 그럼에도 입시에서 수학의 중요성이 높아지는 상황에서, 좋은 성적을 얻기 위해선 어릴 적부터 문제 해결력을 길러야 한다고 여기는 부모님들이 그만큼 많은 것이지요.

"선생님, 이 학원 꼭 보내셔야 해요?"

저도 제 아이를 이곳에 보낸 적이 있습니다. 시중에 나온 문제집만 여러 번 풀어보고 시험을 보았는데 운이 좋아 덜컥 붙은 겁니다. 그 어렵다는 시험에 단번에 붙었으니 얼마나 기뻤는지 모릅니다. 문제는 그 이후였습니다. 대단하다는 칭찬에 기쁘게 학원에 들어갔던 아이가 점점 다니는 것을 힘들어했습니다. 학원 수업을 따라가지 못해 그러나 싶어 몇 날 며칠 고민하다가 서울대에 진학한 제자에게 과외를 부탁했습니다.

그러던 어느 날, 제자가 제게 이렇게 물었습니다.

"선생님, 이 학원에서 주는 문제집은 답안지가 없나요?"

초등학교 3학년 교재의 답안지를 찾는 제자의 말에 당황스러웠습니다. 고등학교 때 수학 잘하기로 소문난 제자였으니 말이지요.

"답안지는 왜? 많이 어려워?"

"저야 풀 수 있죠. 다만 제가 보기에는 대부분의 문제가 초등학교 과정으로는 풀 수 없어서 어떤 식으로 풀이하나 보려고 여쭤본 거예요. 그런데 답안지가 중요한 게 아니라 꼭 이 학원에 애를 보내셔야 해요? 제가 볼 때는 수학 영재도 아니고, 이런 문제를 꼭 풀어야만 수학을 잘하는 것도 아닌데 왜 이렇게까지 고생을 시키세요?"

저 역시 대치동에 있으면서 제 아이가 어릴 적부터 남들 한다는 것은 이것저것 시켜봤습니다. 뭐든 별문제 없이 곧 잘 해내던 아이였기에 이번에도 당연히 따라갈 수 있으리라 생각했지요. 제자는 아이를 가르치러 올 때마다 학원을 그만두게 하면 좋겠다고 했지만 모두가 선망하는 학원에 붙었으니 쉽게 포기하기 힘들었습니다.

"거기가 얼마나 들어가기 힘든 학원인데 그만두게 해? 그러지 말고 네가 잘 가르쳐줘."

그렇게 1년 정도를 더 다녔습니다. 그러던 어느 날, 아이가 학원에 앉아 있는 시간이 지옥 같다며 우는데 정신이 번쩍 들었습니다. 무엇을 배우든 재미있어하던 아이가 이렇게 말할 정도면 정말로 다시 생각해봐야 할 것 같았습니다. 결국 제 아이는 H학원을 그만두었습니다. 들어가기 어려운 학원에 보낸다는 자부심으로 아이를 고생시켰던 것을 떠올리면 지금도 미안한 마음입니다.

정말로 필요한 선행 로드맵 구별하기

이후 저에게는 한 가지 호기심이 생겼습니다. 바로 '최상위권 아이들은 수학 공부를 어디서 어떻게 했을까? 어릴 적부터 모두 유명 학원에 다녔을까?'라는 질문이었지요. 그때부터 대치동에서 수학 실력 뛰어나기로 이름났던 아이들, 명문대에 진학한 제자들에게 물어보니 놀랍게도 H학원에 다녔다는 아이는 단 한 명뿐이었습니다. 대치동은 물론 전국에서 수학 좀 한다는 아이들의 필수 코스 같은 학원을 왜 안다녔는지 궁금해서 물어봤더니 학생들의 대답은 다양했습니다.

"저는 초등학교 때만 해도 어떤 개념을 처음 배울 때 이해가 느린 편이었어요. 그래서 그 학원에서 선행하는 속도를 못 따라갈 것 같았어요."

"몰라서 못 푸는 건데 끝까지 혼자 풀어야 하는 방식이 안 맞았어요."

"그 학원에 다니는 친구가 학원에서 받은 문제를 푸는 것을 봤어요. 저한테는 너무 어려운 문제가 많아서 그런 문제만 풀어야 한다면 오히려 공부할 마음이 없어질 것 같더라고요. 그래서 다닐 생각을 하지 않았어요."

혹시나 해서 드리는 말씀이지만 오해하지 않으시길 바랍니다. 저는 H학원을 비판하는 것이 아닙니다. 수학을 좋아하고 심화 과정을 어려움 없이 소화해낼 수 있는 아이들에게 분명 도움이 되는 커리큘럼입니다. 안 풀리는 수학 문제를 몇 시간이고 붙들고 고민하다 드디어 풀었을 때 희열을 느끼는 아이가 분명 있을 겁니다. 처음에는 한 문제도 풀지 못했지만 계속 붙잡고 있다 보니 차츰 문제 해결력이 늘어나는 것을 느끼는 아이도 있을 거고요.

중요한 것은 우리 아이가 여기에 해당하는지 반드시 따져봐야 한다는 겁니다. 초등학교 저학년만 돼도 수학에 정말 남다른 재능이 있는지, 아니면 꾸준히 시켜서 남들 하는 만큼 하는 것인지 충분히 판단할 수 있습니다.

또 하나, 모든 아이가 같은 방식으로 공부할 수는 없습니다. 아이의 학습 스타일을 이해하고 거기에 맞는 학습 방법을 찾는 것이 중요합니다. 수학 공부의 목적은 단순히 좋은 성적을 받는 것이 아니라, 수학적 사고와 문제 해결 능력을 키우는 것입니다.

그러니 부모님의 현명한 판단이 필요합니다. 부모의 영

광을 위한 과정과 정말로 아이에게 필요한 로드맵을 구분해야 합니다. 초등 6년간 어떤 방법으로든 수학 기본기만 탄탄하게 쌓아도 결코 남들보다 늦지 않습니다. 무조건 유명 학원에 보내려고 힘들어하는 애를 다그치지 말고 내 아이를 위해 지금 필요한 것이 무엇인지 생각하시길 바랍니다. 그래야 쓸데없이 힘 빼지 않고 결승선에 이르러 만족할 만한 결과를 얻을 수 있습니다.

KMO, 도전할까요
말까요

점점 높아지는 KMO의 인기

대치동에서 수학을 꽤 잘한다 싶은 아이라면 초등학교 3학
년 무렵, 학원에서 이런 말을 넌지시 꺼냅니다.

"어머님, ○○이 KMO 출전하는 것 생각해보셨어요?"

KMO란 전국 중고등학생들이 모여 실력을 겨루는 한국
수학올림피아드를 가리키는 말입니다. 수학에 재능이 뛰어
난 학생을 조기에 발굴해 최고 수준의 인재로 키우기 위해
실시되는데, 주요 수학 경시대회 중에서도 가장 어려운 시

험으로 꼽힙니다. 입상하면 '수학 천재'라고 공인받는 셈이며, 국제수학올림피아드(IMO)에 출전할 국가대표도 KMO 입상자 중에서 선발합니다. 2019년부터는 한국주니어수학 올림피아드(KJMO)라 해서 초등학생부터 만 13세까지 응시하는 대회도 별도로 시행되고 있습니다.

요즘 초등 학부모님들이 KMO 출전에 관심을 갖는 이유는 따로 있습니다. 아이의 수학 실력을 가늠해볼 수 있을뿐더러 영재고 진학도 동시에 준비할 수 있기 때문입니다. 이른바 'KMO-영재고' 트랙입니다. 한때는 이 대회 수상 실적이 영재고나 과학고 입시에 반영되었지만 사교육 과열을 우려한 교육 당국이 입시 요강을 변경해 요즘은 따로 가산점을 주지 않습니다. 실제로 이 대회 수상 여부와 영재고 합격 여부가 두드러진 상관관계를 갖는 것도 아니고요. 즉 대회에 출전한 경험이 없거나 수상하지 못했다고 해서 영재고에 불합격하는 것은 절대로 아닙니다.

그럼에도 요즘 초등 자녀를 둔 부모님들이 KMO를 준비시키는 데는 몇 가지 이유가 있습니다. 우선 영재고나 과학고에 합격할 경우, 이후 수업을 따라갈 때 KMO 준비 과정에서 공부한 것이 도움이 된다고 말하는 학생들이 있습니다. KMO 자체가 일반적인 교육 과정에서는 접하기 힘든 문제를 푸는 것인데, 영재고나 과학고에 진학하면 일상적으로 이런 문제를 풀게 된다는 거지요. 그 밖에 영재고 진학 여부와 관계없이 아이가 목표를 갖고 매진하다 보면, 사고력과 문제 해결력이 크게 강화되어 이후 수학 실력에 도움이 된다고 생각하는 분도 많고요. 아이에게 큰 대회를 경험하게 해주고 싶다는 생각에 준비하는 부모님도 있습니다.

본격적인 KMO 준비는 초등 5학년 무렵 시작됩니다. 3학년쯤부터 중학교 과정 수학 공부를 시작해 4학년이 되면 고등학교 1학년 과정인 수학 상, 하를 배우다가, 5학년부터 드디어 KMO 준비를 시작하는 방식입니다. 대치동에서는 이처럼 'KMO-영재고 입학시험'을 동시에 대비하는 학원이 늘어나는 추세입니다. 수학, 과학 등 영재고·과학고 진학과 직접 연관되는 과목은 물론, 일반고와는 다른 진학 지도와 함께 학생의 정서까지 종합적으로 관리한다는 것을 내세웁니다.

KMO를 준비하려면 초등학교 5학년부터 중학교 1학년까지 2~3년간 수학과 매일 씨름한다고 생각해야 합니다. 시험 범위가 고등 수학 전 과정이면서도 일반적인 교육과정에서 가르치고 배우는 내용과는 상당히 다릅니다. 그러다 보니 이 시험을 준비하려면 교과 선행 학습을 병행하면서 KMO 시험문제 유형을 따로 공부할 수밖에 없죠. 공부량도 상당히 많고 문제도 어려워 결코 만만치 않은 대회입니다. 그럼에도 초등 5~6학년 자녀를 둔 어머니들이 KMO에 도전할지 말지를 놓고 고민하는 상황을 정말 많이 봅니다.

KMO, 장단점은 알고 도전합시다

KMO 응시, 정말로 누구나 한 번쯤은 해볼 만한 경험일까요? 저도 이것이 궁금해서 상위권~최상위권 학생들을 만날 때마다, 그리고 성공적으로 입시를 끝마친 제자들에게 물어봤습니다.

"초등학생 때 KMO 준비 해봤니? 어렵게 공부한 만큼 효과가 있었던 것 같아?"

대치동에서 KMO를 준비하는 것은 매우 보편적인 경우입니다. 그만큼 이 과정을 경험해본 아이들이 많지요. 그런데 학생들에게 그 과정이 입시에 도움이 되었냐고 물었을 때, 흔쾌히 "도움 되었어요"라고 대답한 아이들은 별로 없었습니다. 오히려 버거운 공부를 하느라 수학에 흥미를 잃었다거나, 그 시간에 다른 공부를 하는 것이 나았을 것이라고 이야기하는 아이들이 적지 않았지요.

만약 2~3년간 열심히 준비해 KMO에서 입상하고 이후 영재학교에 진학한다면 모든 부모님들이 꿈꾸는 가장 행복한 결말일 겁니다. 아이가 영재고나 과학고를 목표로 삼고 있으면서 스스로 도전하고 싶어 한다면 KMO 출전은 좋은 선택입니다. 특히 영재고나 과학고에 입학하면 수학은 대학교 2~3학년 수준을 공부해야 하는데, 이 대회 입상은 그런 수업을 따라갈 수 있는지 살펴보는 가늠자가 되기도 하니까요.

하지만 일반고에서 SKY를 목표로 하고 있다면 이야기가 달라집니다. KMO 스타일의 선행 학습은 일반고 선행 학습과는 결이 맞지 않습니다. 이렇게 말하면 '그래도 KMO 준비 과정이 나중에 고등 내신이나 수능에 도움이 되지 않을까? 더 어려운 문제를 많이 접한 경험이 있으니까'라고 생각하는 분들이 있을 겁니다. 가장 중요한 사실은 쉽고 어려운 것을 떠나 수능이나 내신 수학과는 학습의 우선순위도, 출제 경향도 매우 다르다는 점입니다. KMO 준비가 수학 입시에 도움이 아예 안 되지는 않겠지만 3년이나 수학에 들인 노력에 비해 효과가 미비합니다. 실제로 고등 내신을 대비하는 수학 학원 선생님들 이야기를 들어보면 'KMO 준비하던 아이들이 일반고 내신에 적응하는 데 오래 걸린다'고 하는 경우도 적지 않고요.

그러니 '우리 아이가 영재고나 과학고에 진학할 정도로 수학·과학에 특출난 건 아니지만 의대나 명문대는 충분히 갈 수 있을 것 같다'라는 생각이 들면 KMO 출전을 신중하게 고민해봐야 합니다. 만약 3년간 준비했는데도 입상하지 못한다면 빠르게 포기하고 방향을 바꿔 중학교 2학년 무렵부터 일반 수학 선행을 하는 게 낫습니다. 그래야 일반고 내신을 대비하는 등 다음 스텝을 준비할 수 있습니다. 주변 시선 때문에, 그동안 공부한 게 아까워서 어떻게든 해보자고 끌고 가다가는 나중에 후회할 수 있습니다.

KMO 준비는 매우 고된 과정입니다. 초등학교 때부터 고등학교 수준의 수학, 그것도 매일 상당히 많은 시간을 투자해야 합니다. 그러면서도 자녀가 수학에 흥미를 잃지 않도록 해야 하고요. 이 동네에서는 KMO 도전 안 하는 아이가 없으니까, 우리 애보다 더 못하는 옆집 아이도 나간다고 하니 당연히 우리 애도 해야 한다는 생각은 지양해야 합니다. 대회든 학교 시험이든 앞으로 어떤 식으로 아이의 진로에 도움이 되게 할지 로드맵을 미리 그리며 움직여야 한다는 사실을 반드시 기억하시길 바랍니다.

수학 1등급 받는
고효율 공부법

수학 1등급 받는 아이들의 가장 큰 차이

내신과 수능에서 수학 1등급을 받는 학생들은 어떻게 공부할까요? 우리 아이도 학원에 다니며 선행도 하고 문제집도 열심히 푸는데 왜 어느 선 이상 점수가 오르지 않을까요? 대치동 최상위권 학생들을 보면 유명 학원의 족집게 교재라도 받을 것 같지만 딱히 그렇지도 않습니다. 『일품』, 『쎈』, 『블랙라벨』, 『마플시너지』 등 시중 교재를 기본으로 풀고 『정석』이나 『고쟁이』를 추가로 봅니다. 여기에 학교에서 나

뉘주는 부교재와 학원 자체 교재를 푼 다음, 내신에 대비하기 위해 재학 중인 학교와 인근 학교의 5년 치 기출문제를 풉니다. 수능을 대비하기 위해서는 '수교평'이라 해서 수능, 교육청, 평가원에서 출제한 수능과 모의고사 기출문제를 풉니다.

여기까지는 일반적인 공부법입니다. 하지만 결정적으로 다른 점이 하나 있습니다. 문제집 한 권을 한 번만 푸는 게 아니라는 것입니다. 처음부터 끝까지 최소 3회독, 최대 10회독까지 했다는 학생도 있습니다. 특히 최상위권 학생들은 내신을 위해서는 실존하는 모든 문제를 풀 기세로 무지막지한 양의 문제를 풀어나갑니다. 대치동 학교들의 내신 시험의 경우 변별력을 두기 위해 소위 '킬러 문제'를 많게는 3~4문항씩 넣습니다. 이 고난도 문제를 맞혀야 100점 혹은 1등급을 받을 수 있다 보니 자기 학교는 물론 주변 학교의 기출문제 5년 치를 풀 수밖에 없습니다. 선생님들이 서로 다른 학교 문제를 참고해 킬러 문제를 출제하기 때문입니다.

이처럼 어마어마한 양의 문제를 풀었을 때 얻을 수 있는 장점은 시간 단축입니다. 학생들이 수학을 어려워하는 건 과목 자체가 어려워서이기도 하지만 시험 시간에 문제를 푸는 절대적 시간이 부족해서입니다. 특히 중위권 이하일수록 시간을 부족해합니다. 이런 상황에서 반복해서 문제를 풀어 유형에 익숙해지면 실전에서 시험지를 받자마자 바로 풀게 돼 시간을 절약할 수 있습니다. '수학은 양치기'라는 말이 그래서 나온 것이죠.

'양치기'란, 요즘 중고등학생들이 '질보다 양으로 승부한다'는 뜻에서 쓰는 말입니다. 말만 들으면 다소 무식한 공부법 같지만, 잘만 활용하면 그 어떤 공부법보다 단시간 내에 즉각적인 효과를 볼 수 있지요. 다만 정말로 적재적소에 '잘' 활용해야 효과가 있는데 대표적으로 양치기가 유의미한 과목이 바로 수학입니다.

"어떤 문제집을 열 번쯤 풀어보면, 실전에서 비슷한 문제를 읽는 순간 숫자만 바꿨다는 걸 알 수 있어요."

"수학은 머리가 좋아야 잘한다고들 하는데 고등 수학은 IQ와 상관없는 것 같아요. 문제를 많이 풀고 반복하면 된다고 생각해요."

고등학교 3년 동안 수학 시험에서 100점을 놓치지 않은 제자가 한 말입니다. 이 학생은 중3 겨울방학에 고 3 모의고사 10년 치를 풀었다고 합니다. 우리 아이가 수학을 못하면 수학 머리가 없어서 그렇다고 생각하는 부모님이 많겠지만, 사실 고등학교 수학은 엉덩이 싸움이자 성실함으로 승부하는 과목입니다. 누가 더 많은 문제를 얼마나 꼼꼼히 풀었는가에서 결정되지요. 이 방법을 몰라서 못하는 것이 아니라 습관처럼 해낼 수 없기 때문입니다. 그것을 해내는 아이들이 1등급을 받는 것입니다.

여기서 한 가지 기억해야 할 점이 있습니다. 마냥 양치기만 한다고 고득점이 따라오지는 않습니다. 반복해서 문제를 풀기 전에 기본 개념이 머릿속에 들어있어야 합니다. 문제집 한 권을 보더라도 개념을 정확하게 이해한 뒤여야 양치기를 통해 그 개념이 어떻게 활용되어 문제로 출제되는지 파악할 수 있는 겁니다. 그래야 비로소 문제를 풀 때마다 출제 의도와 개념을 이해하고 이를 다른 문제에도 적용할 수 있습니다.

대치동 최상위권의 오답 노트에는 무엇이 있을까

보통 수학 문제를 풀고 채점해서 틀린 문제가 나오면 문제집에 딸린 해설을 보거나 선생님 설명을 듣고 난 뒤 '그렇구나' 하고 넘어갑니다. 그런데 이렇게 해서는 다음에 똑같은 문제가 나오면 또 틀립니다. 수학 공부를 할 때 무엇보다 오답 노트를 강조하는 이유입니다.

오답 노트를 강조하면 "요즘 오답 노트 모르는 사람도 있나요?"라고 말씀하실지도 모르겠습니다. 자기가 틀린 문제와 답을 예쁘게 베껴 쓰는 것이 오답 노트의 전부가 아닙니다. 수학 1등급 학생들이 말하는 오답 노트는 문제의 출제 의도는 무엇인지, 어떤 수학 개념과 연관되었는지, 이런 문제 유형이 나오면 어떤 아이디어를 떠올려야 하는지를 뼛속까지 새기는 과정입니다. 3일 후 그 문제를 다시 풀었을 때 맞힐 수 있어야 오답 노트를 제대로 정리한 것입니다.

제대로 된 오답 노트에 들어갈 내용

- · 이 문제의 출제 의도는 무엇일까?
- · 이 문제를 풀기 위해 알아야 할 개념은 무엇일까?
- · 내가 모르고 있던 개념은 무엇일까?
- · 내가 완벽하게 알지 못했던 개념은 무엇일까?
- · 개념을 알아도 이 문제를 풀 때 주의할 점은 무엇일까?
- · 이 문제의 출제 빈도는 얼마나 될까?
- · 이 문제와 비슷한 유형의 문제는 어떤 것이 있을까?

자신이 무엇을 알고 무엇을 모르는지 파악하지 못한 상태에서는 시험을 잘 볼 수 없습니다. 그런 면에서 오답 노트는 자신이 아는 것과 모르는 것을 똑바로 보게 해주는 아주 좋은 도구입니다.

중 3까지 이것만은 반드시 끝내자

앞서 무리한 수학 선행을 지양하라고 말씀드렸습니다. 단, 여기서도 기억해야 할 사실이 있습니다. 중학교 3학년 때 고등 수학 전 범위를 배워두면 고등학교에 가서 새로운 개념을 익히는 데 드는 시간을 아낄 수 있습니다. 조금이라도 시간 여유가 있을 때 새로운 개념을 확실히 익혀놓고 고등학교에 입학해서는 양치기와 무한 반복으로 실전 감각을 높이는 전략입니다.

만약 고등 수학을 한 학기 정도만 선행 학습하고 입학한다면 학교생활 적응하랴, 진도 나가랴, 시험 대비하랴, 바빠서 수학 공부할 시간이 부족합니다. 이때 선행 진도가 늦거나 선행을 했어도 개념을 완벽하게 익히지 못했다면 수학 성적이 잘 안 나올 것이고 자신감도 그만큼 떨어질 겁니다. 그래서 수학에 매진하다가 국어나 영어, 과학 등 다른 과목을 공부할 시간이 부족해집니다. 그야말로 총체적 난국이지요.

수학에서 고득점하려면 밸런스를 잘 유지해야 합니다. 과도한 선행 학습으로 수학에 흥미를 잃어서도 안 되지만, 속도를 내야 할 때 신발 끈을 묶고 있어서도 안 되겠지요. 확실한 개념 이해도, 반복 학습도 모두 필요하다는 사실을 반드시 기억해주세요.

레벨 테스트를
대하는
현명한 엄마의 자세

경제력과 정보력만큼
중요한 '이것'

효율적인 12년 입시 로드맵을 위하여

우스갯소리로 명문대에 가기 위해 부모가 갖추어야 한다고 말하는 몇 가지가 있습니다. 훌륭한 선생님을 구할 수 있는 경제력, 좋은 학원과 입시 트렌드를 감지할 정보력, 아이의 멘털을 잡아줄 세심함 등이죠.

그런데 제가 오랜 시간 입시 현장에서 학생들을 가르쳐보니 이 세 가지 못지않게 중요한 것이 있었습니다. 바로 '내 아이에 대한 객관화'입니다. 아이가 몇 살이든, 어떤 과목에 대한 학습 계획을 세우든, 앞으로 어떤 학교에 진학할 생각이든 자녀의 현재 상태를 객관적으로 파악해야 한다는 뜻입니다.

많은 부모님들이 '내 아이는 내가 제일 잘 알지'라고 생각하지만 주관적 평가와 느낌만으로 판단할 때가 많습니다. 예를 들어 이름난 학원 레벨 테스트에서 자녀가 좋은 성적을 얻지 못하면 이렇게 이야기하는 어머니들이 적지 않습니다.

"원래는 잘하는데 그날은 많이 떨려서 실수한 거예요."

"실력에 비해 시험 운이 없어서 그래요."

"머리는 좋은데 조금만 더 공부하면 성적이 오르지 않을까요?"

이처럼 다양한 이유를 대며 자녀의 진짜 실력을 인정하지 않으려 합니다. 심지어 커트라인에 아슬아슬하게 못 미친 점수가 아니라 형편없이 부족한 결과를 받아도 이를 인정하기 힘들어하는 분도 계시고요. 내 아이가 이 정도 실력일 리 없다고 생각하며 자녀를 다그치고 더 많은 학원을 돌립니다.

이쯤 되면 아이도 억울합니다. 학교 시험을 망친 것도 아니고 그까짓 학원 레벨 테스트에서 좋지 않은 성적을 받았을 뿐인데, 분위기를 보아하니 자신이 큰 잘못을 한 것 같거든요. 처음에는 눈치도 보고 주눅 들다가 불만이 쌓이면서 점점 반발심이 생기지요. 어머니는 어머니대로 "초등학교 2학년밖에 안 됐는데 벌써 사춘기가 온 것 같아요. 어떡하죠?"라며 하소연하는 상황이 벌어집니다.

물론 자식이 부족하다는 사실을 인정하는 것은 쉬운 일이 아닙니다. 고슴도치도 제 새끼는 예쁘다는 말이 왜 나왔을까요. 그만큼 아무리 이성적이고 냉정한 부모라도 자기 자식을 철저하게 객관적으로 판단하기란 어렵다는 뜻일 겁니다.

누누이 말씀드리지만 우리는 100미터 달리기가 아니라 마라톤을 하는 상황입니다. 너무 늦지만 않는다면 초반 속도가 다소 느려도 만회할 수 있는 기회는 충분히 있습니다. 42.195킬로미터를 달리는 실제 마라톤에서는 선수의 기록과 몸 상태를 감안해 구간에 따라 속도를 조절하며 각각 다른 전략을 적용하기도 합니다. 최소 12년 동안 가져갈 입시 로드맵을 제대로 계획하려면 이런 방식이 필요합니다. 그러려면 내 아이에 대해 제대로 알아야 최상의 플랜을 짤 수 있고요. 따라서 의대나 명문대에 진학하기 위해서는 아이의 공부머리 못지않게 부모님의 객관적 판단과 현명한 대처가 매우 중요합니다.

내 아이의 전략에
옆집 아이 실력은 필요 없습니다

KMO 못지않게 초등 학부모님들이 관심을 가지는 경시대회가 있습니다. 이른바 '성대 경시'라고 불리는 '전국 초중고 영어 수학 학력 경시대회'입니다. 글로벌 영재학회가 주관하고 성균관대와 동아일보가 후원하는 대회로, 예전에는 성균관대가 주최했기에 이런 이름이 붙었습니다. 영어는 초등학교 3학년부터 고등학교 3학년까지, 수학은 초등학교 1학년부터 고등학교 3학년까지 참가할 수 있죠. 초등 학부모들 사이에서는 KMO만큼이나 이 대회의 위상도 높습니다. 아이의 능력을 입증할 수 있는 기회이기 때문입니다.

아이가 영어나 수학에 특출난 재능이 없어도 목표를 세우고 노력한다거나, 비슷한 또래들 사이에서 실력을 가늠해보고 싶어 대회에 참가할 수는 있습니다. 그런데 이보다는 같은 유치원에 다녔던 친구, 우리 아이랑 별다를 것 없어 보이는 옆집 아이가 대회에서 수상했다는 이유만으로 자녀에게 대회를 준비시키는 부모님이 적지 않습니다. 경쟁이 치열하고 다른 아이들을 의식해야 하는 학군지일수록 이런 경향이 두드러집니다.

참가하기로 결정한 이상 노는 시간을 허락할 수 없으니, 아이는 학교가 끝나면 바로 학원에 가서 수업을 듣고 집에 와서는 다시 밤늦게까지 숙제를 합니다. 여기에 일주일에 두세 번은 따로 과외 선생님의 수업을 받기도 하고요. 아이는 하고 싶어 하지 않는데 어머니는 붙잡아 앉혀야 하니 둘 사이에 전쟁이 시작됩니다. 실제로 실력에 상관없이 무리하게 경시대회를 준비하다가 어머니와 아이 사이가 틀어지는 경우를 많이 봅니다.

수학 머리가 있는 아이는 학원에서 배운 것을 몇 시간 복습하는 것만으로도 이런 대회에서 충분히 입상할 수 있습니다. 그러나 역량이 부족하다면 이보다 2~3배 더 노력해도 좋은 결과를 얻기 어려운 것이 현실입니다. 그러니 내 아이의 로드맵에 옆집 아이의 실력을 끼워 넣지 마세요. 우리 아이가 조금만 끌고 가면 확 뛰어오를지, 남들 하는 만큼만 하면 보통은 따라가는지, 그도 아니면 남보다 두세 배는 노력이 필요한지 다각도로 냉정하게 평가하는 과정은 반드시 필요합니다.

그렇다면 어떻게 해야 내 아이의 실력을 객관적으로 평가할 수 있을까요? 초등 시기에는 중고등학생처럼 정기적인 시험을 치르지 않지만 학교 밖에서 치르는 소소한 시험이 있습니다. 빠르게는 다섯 살 무렵 치르는 영어 유치원 입학시험부터 시작해 각종 학원에 들어가려 할 때마다 치르는 레벨 테스트가 있지요. 이름난 학원이라면 굉장히 많은 수의 또래 아이들이 함께 레벨 테스트를 보기 때문에 이러한 시험을 통해 아이의 역량이나 성취도 등을 어느 정도 가늠할 수 있습니다. 물론 미취학 유아나 초등 저학년 시기에 치르는 학원 테스트 결과나 각종 대회 성적을 훗날에 치를 대입과 연결 짓는 것은 매우 조심스러운 일입니다. 하지만 그렇다고 해서 전혀 상관이 없다고 하기도 어렵습니다.

저는 초등 자녀가 있다면 반드시 그 학원에 등록하지 않더라도 레벨 테스트를 활용하라고 권합니다. 특히 수학 학원의 레벨 테스트를 많이 보면 부모님이 아이 실력뿐만 아니라 공부 방식이 맞는지 판단하는 데 도움이 됩니다. 시험 결과 최상위반에 해당된다면 잘하고 있다는 뜻이고, 최하위반에 해당된다면 부족한 부분이 있다는 뜻이니 지금 다니는 학원이나 배우는 방식을 다시 점검하면 됩니다. 따라서 1년에 한 번씩은 선호도나 경쟁률이 높은 좋은 학원에서 레벨 테스트보는 것을 추천합니다.

'지피지기면 백전백승'이라는 말은 전쟁터에서만 적용되는 말이 결코 아닙니다. 옆집 아이가 공부하는 모습만 요모조모 뜯어보거나 잘 가르친다는 학원만 알아볼 것이 아니라, 우리 아이부터 완벽하게 파악해야 합니다. 실력은 물론이고 기질과 성향, 흥미, 학습 속도와 공부 방식 등 대입 출발선에 서기 전에 확실히 꿰고 있어야 할 것이 너무나도 많습니다. 본격적인 레이스를 시작하기 전에 반드시 이 점을 기억하시길 바랍니다.

레벨 테스트
똑똑하게 활용하는 법

대치동에서는 초등학교 입학을 앞둔 일곱 살이 가장 바쁜 시기입니다. 대입까지 고려해 엄마가 계획한 공부 로드맵에 맞춰 '레테', 즉 레벨 테스트를 보러 다녀야 하기 때문입니다. 커리큘럼이 탄탄하고 잘 가르친다고 소문난 학원은 당연히 인기가 많습니다. 모두가 들어가고 싶어 하다 보니 경쟁률이 높은 데다, 변별력을 기른다는 이유로 학원들이 레벨 테스트를 매우 어렵게 내는 경우가 많고요. 상위 등급 반에 척하니 붙으면 좋으련만, 그런 아이들은 소수에 불과합니다.

이런 상황이 있습니다. 바쁜 와중에 학원 설명회도 들어보고 선배 엄마들의 정보력을 총동원해 잘 가르칠 것 같은 학원을 추렸습니다. A학원에 보내면 좋겠다 싶었는데 레벨테스트 결과 가장 하위반인 3반이 나왔습니다. 반면 A학원보다 선호도가 떨어지는 B학원 레벨 테스트에서는 가장 잘하는 1반이 나온 겁니다. 이럴 때 어떤 선택을 하시겠습니까?

대부분은 가장 잘하는 반에 편성될 수 있는 B학원을 선택합니다. 'A학원이 우리 아이 실력을 제대로 못 알아본 거아냐?'라고 생각하면서요. 하지만 이건 일종의 '낚시'에 걸린 겁니다. 사람이다 보니 자기 실력을 높이 평가해주는 쪽에 마음이 쏠릴 수밖에 없고 학원들도 이런 심리를 잘 알고 있습니다. 그래서 신생 학원에서 이 방법을 종종 씁니다. 아이들을 모집하기 위해 조금 쉬운 시험을 내는 거지요.

학원마다 레벨 테스트 결과가 다를 때

학원마다 레벨 테스트 결과가 다를 때 어떤 선택을 해야 현명한 판단을 내리는 걸까요? 정말로 가고 싶던 학원은 A학원인데, 3반이라니 자존심이 상하고 주변 엄마들 보기에도 민망해서 1반이라는 타이틀을 선택해 B학원에 보내는 것은 아이 실력 향상에 그다지 도움이 되지 않는 결정입니다.

중요한 것은 '왜 우리 아이가 A학원에서는 3반인데 B학원에서는 1반인지' 이유를 찾는 것입니다. 학원마다 평가 기준과 방식이 다를 수 있기 때문에 이러한 차이는 충분히 발생할 수 있습니다. 예를 들어 영어 학원이라면 A학원에서는 듣기와 독해의 균형 잡힌 실력을 요구할 수 있고, B학원에서는 특정 영역의 강점을 더 중요시할 수 있습니다. 따라서 단순히 레벨 차이에 실망하기보다 아이의 현재 실력과 학습 방식을 되돌아보고, 이를 바탕으로 학습 전략을 다시 세우는 것이 중요합니다.

그러니 레벨 테스트 결과가 예상보다 좋지 않더라도 실망하지 말고 아이의 취약점을 보완할 기회라고 생각해주세요. 예를 들어 A학원에서 3반을 배정받았다면, 무엇이 부족해서 3반에 해당하는 실력이라고 평가받는지 분석하고 그 부분을 집중적으로 보완해주는 겁니다. 만약 아이가 라이팅에 약하다면, 매일 짧은 에세이나 일기를 쓰게끔 지도합니다. 리스닝이 약하다면 팟캐스트나 오디오 북, 영화 등을 들으며 듣기 능력을 키울 수 있습니다. 이러한 방식으로 아이의 부족한 부분을 집중적으로 파고들면 3개월 후 다시 레벨 테스트를 했을 때 한 단계 높은 반으로 올라갈 가능성이 큽니다. 이 과정에서 아이도 자신의 성장을 체감하고 큰 동기를 얻을 수 있습니다.

아이를 성장시키는 도장 깨기 프로젝트

'레벨 테스트' 하면 항상 생각나는 아이가 있습니다. 재원이는 초등학교 2학년까지 영어 학원에 다니다가 싫증이 나서 그만두고 이후에는 집에서 원서를 읽거나 오디오 북을 듣는 정도로만 공부했습니다. 그러다 중학교에 입학해 다시 영어 학원에 갔더니 레벨 테스트 결과 가장 낮은 반이 나왔습니다. 같이 시험을 본 학교 친구들은 모두 제일 높은 반에 배정받았기 때문에 재원이에게는 큰 충격이었습니다. 그때 재원이에게 오기가 생겼습니다. '친구들을 뛰어넘어보자'라는 결심을 하게 된 것이지요.

영어를 잘하려면 단어와 문법이 중요하다고 생각한 재원이는 단어 시험에서 항상 만점을 받을 정도로 완벽하게 외우려 애썼습니다. 문법이 이해되지 않을 때는 수많은 예문을 통째로 외우며 다시 분석했습니다. 단어와 문법 실력이 쌓이자 그에 맞춰 자연스럽게 독해 실력도 늘어났습니다. 그 결과 레벨 테스트마다 승급을 거듭하더니, 2년 뒤에는 마침내 최상위반으로 배정받고 거기서도 상위권을 차지할 수 있었습니다.

수학도 마찬가지였습니다. 대치동의 유명한 수학 학원에서 레벨 테스트를 치렀지만 점수가 너무 낮아 아예 들어갈 수조차 없었습니다. 그래서 할 수 없이 겨우 테스트를 통과한 다른 학원의 가장 낮은 반에 등록했지요. 이렇게 되자 재원이는 들어가지 못한 인기 있는 학원의 최상위반을 목표로 세우고 기초부터 다시 공부했습니다. 그렇게 하나씩 등급을 올리는 재미를 느끼자 공부가 즐거워졌습니다. 잘하게 되니 재미있고, 재미있으니 더 잘하고 싶어졌습니다. 결국 중학교 3학년이 될 무렵 재원이는 원하던 그 학원에 들어가게 되었습니다. 시간이 지나 고등학교에 입학할 때는 목표한 최상위반에 들어갈 수 있었지요.

대치동에서 좀처럼 보지 못한 사례라 재원이에게 물어봤습니다.

"어떻게 학원에서 그렇게 반을 하나씩 올라갈 생각을 한 거야? 잘하는 아이들이 몰리는 학원이니 학교 성적 올리는 것보다 더 어려웠을 것 같은데. 어머니가 엄청 기특해하셨겠다."

"사실 제가 그렇게 점수가 낮아서 학원에 들어가지도 못하거나 최하위반에 배정되었을 때 엄마가 별말씀 없으셨어요. 엄청 혼날 줄 알았는데 '앞으로 열심히 해보자' 하시더라고요. 레벨 테스트를 치를 때마다 그렇게 낮은 점수를 받는 것이 엄마한테 미안하기도 하고, 저 스스로도 열심히 했을 때 어떤 성적을 받을지 궁금해서 최선을 다했어요."

레벨 테스트를 봤는데 아이가 생각지도 못한 점수를 받을 수도 있습니다. 부모님 입장에선 충격을 받아 입맛이 뚝 떨어지고 '지금까지 내가 너무 신경을 쓰지 않은 건가' 싶습니다. 하지만 레벨 테스트는 어디까지나 '테스트'입니다. 아이의 현재 실력과 약점을 객관적으로 파악하는 도구일 뿐이죠. 최종 목표는 실전에서 잘하는 것입니다.

레벨 테스트 결과를 대할 때 가장 중요한 것은 아이의

실력과 적성에 맞는, 그래서 실력이 뛰어오를 수 있는 학습 환경을 찾아주는 것입니다. 그러니 학원 레벨 테스트 결과에 일희일비하지 말고 아이에게도 과도하게 화내거나 좌절하지 마세요. 그날 하루만 속상해하고 엄마표 학습을 하든, 현재 실력에 맞는 다른 학원을 알아보든 아이와 앞으로의 계획을 세우면 됩니다. 이쯤 되면 아이도 면목이 없어 열심히 해야겠다고 마음먹습니다. 이를 통해 아이도 성장하고 변화하는 기쁨을 체감할 겁니다.

고등학교,
어디를 가야 할까

우리나라 고등학교는 일반고, 특목고, 자사고, 영재학교, 특성화고로 나눌 수 있습니다. 그중 대부분을 차지하는 것은 일반고이지요. 특목고는 과학고, 외국어고, 국제고 등 특정 분야의 인재를 키우기 위해 설립된 학교로 '특수 목적'에 따라 운영됩니다.

자사고는 '자율형 사립 고등학교'로 학교 운영의 자율성이 보장된다는 특징이 있습니다. 전국에서 학생을 선발하는 전국 단위 자사고와 학교가 위치한 광역시에 거주하는 학생을 대상으로 선발하는 광역 단위 자사고로 나뉩니다.

2024년 현재 전국 단위 자사고에는 서울 하나고, 강원 민족사관고, 전북 상산고, 경기 한국외대부고, 인천 하늘고, 경북 김천고, 경북 포항제철고, 충남 북일고, 전남 광양제철고, 울산 현대청운고 등이 있습니다.

한편 영재학교는 과학기술 분야에서 영재를 육성하기 위해 설립된 교육기관입니다. 법적으로는 고등학교가 아니지만 고등학교 학력을 인정받으며, 이 때문에 '영재고'라 지칭하기도 합니다. 이공 계열 인재 양성을 목표로 삼고 있으며 서울과학고, 경기과학고, 한국과학영재학교, 광주과학고, 대전과학고, 대구과학고, 세종과학예술영재학교, 인천과학예술영재학교 등 8개 학교가 있지요.

이토록 다양한 학교 중 어느 곳에 진학할 때 가장 우선순위를 둬야 할 것은 입시 목표와 아이의 성향입니다. 아이가 수학과 과학을 매우 좋아한다면 과학고나 영재고가 잘 맞을 수 있지만, 관심이 없다면 입학해서 적응에 어려움을 겪을 수 있습니다. 일반고와는 확연히 다른 좋은 환경에서 우수한 친구들과 공부하며 크게 성장할 수 있지만, 치열한 내신 경쟁을 견뎌내야 합니다. 반대로 일반고는 특목고에 비하면 상대적으로 내신 관리에 유리한 편이나, 수능 최저 기준을 충족하지 못하는 경우도 있으니 내신과 수능을 함께 신경 써야 합니다.

아이가 주변 분위기에 쉽게 휩쓸린다면, 다 같이 공부하는 분위기인 학군지 일반고나 기숙사에서 생활하는 자사고도 좋은 선택지입니다. 의욕 넘치는 학생들과 선생님이 모인 곳이라 시너지 효과를 볼 수 있습니다. 무엇보다 각 학교의 특성과 교육 방침을 잘 이해하고, 아이 성향과 목표에 맞는 학교를 선택하는 것이 핵심입니다.

대치동 전교 1등이 영재고에 가지 않은 이유

대치동에서 전교 1등을 밥 먹듯이 하다가 서울대 의대에 진학한 제자 은호와 이런 대화를 나눈 적이 있습니다.

"은호야, 너처럼 뛰어난 아이가 왜 영재고에 갈 생각을 안 했어? 초등학교 때 학원에서 영재고 준비하라고 어머니께 말씀드리지 않았어?"

"그런 이야기를 듣긴 했는데 저는 천재가 아니라서요."

"응? 그게 무슨 말이야?"

"저는 수학이랑 과학 성적을 잘 받았지만 그 과목들이 특별히 재미있다고 느낄 정도는 아니었어요. 해야 하는 것을 열심히 하는 정도였거든요. 그런데 제 친구 중에 수학 문제 푸는 것을 정말 즐거워하는 애가 있었어요. 꼭 게임하는 것처럼 좋아했죠. 옆에서 보면서 '아, 저런 애가 영재고에 가야 하는구나' 싶었어요. 부모님이 아쉬워하시긴 했지만, 저는 수학이든 국어든 특별히 못하는 과목이 없으니까 일반고에서 내신 경쟁은 해볼 만하다고 생각했어요."

제 눈에는 천재처럼 보이는 아이가 이런 말을 합니다.

"그리고 저는 의사가 되고 싶었기 때문에 일반고에서 전교 3등 안에 드는 것을 목표로 했어요. 사실 저처럼 의대를 목표로 한다면 굳이 영재고에 갈 필요는 없다고 생각해요."

영재고는 3차에 이르는 전형 단계를 통해 뛰어난 소수만 들어갈 수 있는 엘리트 교육의 상징입니다. 가르치는 선생님도, 배우는 학생도 인재인 데다 많은 국가 예산이 투입되어 좋은 환경을 누리며 성장할 수 있는 곳이지요. 만약 아이가 수학과 과학을 좋아하고 그 분야에 호기심이 많다면 영재고 진학은 최고의 선택이 될 수 있습니다. 하지만 은호처럼 의대를 지망한다면 영재고 진학은 신중하게 고민해야 합니다. 현재 대부분의 영재고에서는 재학생이 의대에 지원할 경우 장학금을 회수하며, 학교생활기록부 세부 능력과 특기 사항이 삭제되거나 학교에서 추천서를 써주지 않는 등 여러 불이익을 주고 있습니다.

물론 타고난 머리와 실력이 워낙 좋으니 정시로 승부하거나 졸업 후 재수해서 의대에 진학하는 학생도 없지는 않습니다. 하지만 영재고 자체가 과학기술 인재를 육성하기 위해 설립되었고 이를 위한 커리큘럼을 제공하기 때문에 이 분야에 열정을 지닌 학생에게 적합합니다. 또 모든 학생이 그런 것은 아니지만 영재고를 졸업하고 의대에 진학했을 때 의대 수업을 버거워하는 경우가 종종 있습니다. 이전까지는 영재고에서 창의적 발상을 높이는 방식으로 공부해왔는데, 의대 공부는 대체로 엄청난 분량을 기계적으로 암기하고 소화하는 방식이기 때문입니다. 오죽하면 서울대 의대에는 "천재는 유급한다"는 농담이 있을 정도입니다.

따라서 의대 진학을 꿈꾼다면 일반고에서 내신과 수능 준비에 집중하는 것이 더 바람직할 수 있습니다. 앞으로 진학할 고등학교를 선택하는 일은, 입시를 비롯해 아이의 진로에 나비효과를 불러일으킬 수 있는 매우 중대한 문제입니다. 이 사실을 반드시 기억하며 학교의 특성, 아이의 성향, 지망하는 분야 등 다양한 측면을 비교해보세요. 이를 통해 남들이 선망하는 길보다는 내 아이에게 가장 도움이 될 선택지를 골라야 합니다.

영어는 잘하는데 수학이 약하다면

외고는 2000년대까지만 해도 문과에서 가장 선호하는 특목고였지만 이후 이공계 선호와 문과 기피 현상이 심해지고 신설 외고가 늘어나면서 인기가 많이 떨어졌습니다. 그럼에도 전통 있는 주요 외고들의 면학 분위기나 입시 결과는 여전히 좋은 편이므로, 수학은 약하지만 영어를 잘하는 학생에게 좋은 선택지가 될 수 있습니다.

외고의 가장 큰 특징은 수학과 과학의 단위 수가 적다는 점입니다. 수학이 3단위밖에 되지 않는 대신 영어가 8단위, 제2외국어가 8단위입니다. 영어에 자신 있는 학생이 외고에 진학해 수학에서 4~5등급을 받더라도 영어와 제2외국어에서 1등급을 받으면 서울대 진학도 가능합니다. 제 수업에서 조교를 했던 외고 출신 학생이 바로 이 전략으로 서울대에 합격했습니다.

이쯤 되면 "영어 실력이 어느 정도 되어야 외고에 진학해도 괜찮을까요?"라는 질문을 떠올리실 겁니다. 외고 중 부모님들이 가장 선호하고 경쟁률도 제일 높은 D외고를 예로 들어보겠습니다. 일반고에서는 영어가 4단위 과목 하나인데, 외고는 영어가 8단위로 2개 과목으로 나뉩니다. 학교마다 명칭이 조금씩 다르긴 하지만 하나는 영어, 다른 하나는 영어 심화입니다. 영어의 경우 일반고와 비슷한 유형으로 문제를 출제합니다. 영어 심화는 원어민 선생님이 가르치며 시사 관련 지문이나 직접 쓴 지문, 영어 소설 등을 교재로 사용해 영어로 수업을 진행합니다.

그러다 보니 중학교 때 다른 과목에 집중하거나 한국식 영어 공부에 매진해 영어 원서 읽기를 소홀히 했던 학생이라면 영어 심화 수업을 어려워합니다. 반면 어릴 적부터 원서 읽기를 꾸준히 해온 학생, 바쁜 중학생 시기에도 영어 소설 등을 틈틈이 읽어온 학생에게는 그리 어려울 것이 없습니다. 줄거리를 이해하고 주인공의 관계와 사건을 파악할 수 있을 정도의 실력이라면 충분히 수업을 따라갈 수 있지요. 국어 시간에 우리말로 된 문학작품을 읽고 시험 보는 것과 동일하게 생각하면 됩니다. 다만 영어를 잘하는 학생들이 워낙 많아 입학 후 치르는 첫 시험에서 영어 내신이 3~4등급으로 나온다면 이후 성적을 올리는 것이 쉽지는 않습니다.

중학교 3학년 재학 중 외고에 최종 합격하면 겨울방학 동안 제2외국어로 프랑스어나 스페인어를 공부하면 큰 도움이 됩니다. 이렇게 말하면 "아이들이 프랑스어나 스페인어는 전혀 모르는데 영어 공부하듯이 선행 학습을 해야 하나요?" 하고 묻는 부모님들이 계십니다. 그럴 필요는 없습니다. 12월에 합격 발표가 나면 그때부터 방학 내내 공부하면 됩니다. 그 전까지는 중등 내신에서 골고루 좋은 성적을 받아 외고에 합격하는 것이 먼저입니다. 정리하면 외고 진학을 고려한다면 수학과 과학보다는 영어와 제2외국어에 더 집중하는 편이 좋습니다. 외고의 커리큘럼과 교육 방식에 맞추어 영어 실력을 키우고 제2외국어도 준비하는 것이 필요합니다.

'탈대치'를 선택한 아이

고등학교 3년은 무엇을 선택하든 전략적으로 접근해야 하는 중요한 시기입니다. 공식처럼 모두가 접근하는 경로 대신 때로는 의외의 전략으로 입시에 성공할 수도 있습니다. 서울대 의대에 진학한 지아는 중학교 때까지 대치동에서 자란 아이였습니다. 부모님 역시 대치동 출신으로 이곳의 공부 스타일과 사교육 지도를 꿰고 있는 분이었죠.

지아는 대치동에서도 곧잘 하는 아이였지만 지아 어머니는 고등학교에 입학해 벌어질 치열한 내신 경쟁을 우려했습니다. 아이가 고등학교 내신에서 쭉 1등급을 받을 수 있을지 냉정하게 판단한 겁니다. 결국 지아가 중학교를 졸업하면서 지아네 가족은 경기도 신도시로 이사했습니다. 경쟁이 덜 치열한 곳에서 최고의 성적을 거두는 전략을 택한 것이지요.

다행히 지아는 성실하고 주변 분위기에 쉽게 휩쓸리지 않는 성격이었습니다. 이 때문에 지아 부모님은 설령 환경이 바뀌어도 지아가 자기 페이스를 유지하면서 공부하리라는 믿음을 가질 수 있었습니다. 어머니의 믿음대로 지아는 경기도 신도시 일반고에서 전교 1등을 놓치지 않았고, 결국 서울대 의대에 합격할 수 있었습니다.

　내신 등급 경쟁이 상대적으로 덜 치열한 지방 일반고로 진학한다고 해서 모든 아이들이 성공할 수 있는 것은 아닙니다. 학군지와 그렇지 않은 지역의 면학 분위기에 차이가 있을 수 있고, 내신이 1등급이어도 수능 최저 기준을 맞추지 못할 수도 있습니다. 지아의 경우 중학교까지 탄탄한 기본기를 쌓았고, 혼자 공부하는 습관이 잘 잡혀 있었기 때문에 가능한 일이었습니다. 즉 부모님의 전략적 판단과 본인의 노력이 시너지를 낸 결과입니다.

　2024년 7월 보도된 신문 기사에 따르면, 2023년 전국 고등학교에서 자퇴한 학생 수는 2만 5,000명이 넘습니다. 대부분은 내신 등급의 불리함을 극복하지 못해 자퇴한 뒤 검정고시로 수능을 준비하는 경우로 추정된다고 하고요. 이는 내신 성적이 기대보다 낮았기 때문일 수도, 본인과 맞지 않은 계열의 학교에서 경쟁하는 것이 버거웠기 때문일 수도 있습니다.

　고등학교 선택은 단순히 입시 결과를 얻기 위한 것이 아니라 아이의 미래를 위한 중요한 결정임을 잊지 말아야 합니다. 어떤 고등학교를 선택할지는 아이의 성향과 기질, 재능을 따져 종합적으로 고려해야 합니다. 무엇보다 중요한 것은 '아이 본인이 어떤 학교에 가고 싶어 하는가'입니다. 현재 대한민국 고등학교에서 이루어지는 모든 학습과 기타 활동이 입시에 초점을 맞추는 것이 사실이지만, 고등학교는 내신을 잘 받기 위해 다니는 곳만은 아닙니다. 살아가는 데 필요한 기초 지식을 배우는 것과 함께, 친구를 사귀며 사회성을 경험하고 다양한 가치관을 형성하는 곳이기도 합니다.

그러므로 자녀의 장기적인 성장과 발전을 고려하되, 아이가 스스로 동기부여를 할 수 있는 환경을 선택하는 것이 중요합니다. 모든 아이가 동일한 방식으로 성공할 수는 없겠지만, 부모와 아이가 함께 고민하고 준비하는 만큼 최선의 결과를 얻을 수 있음을 기억하시길 바랍니다.

부모와의 관계를 보면
아이가 갈
대학이 보입니다

조급해하는 엄마,
엇나가는 아이

학군지 엄마들의 남모를 스트레스

대치동 아이들은 외부에서 생각하는 것보다 평화롭게 생활합니다. 공부할 때는 집중하지만 놀이터에서 뛰어놀고, 친구들과 PC방이나 코인 노래방에도 가는 등 이 시기 여느 아이들과 다르지 않은 일상을 보냅니다. 물론 중학교부터는 이전보다 학업 스트레스를 많이 받지만 이는 다른 지역 학생들과 크게 다르지 않습니다.

오히려 스트레스를 받는 쪽은 어머니들입니다. 내 아이

가 제일 못하는 것 같고, 더 잘하는 학생들을 보면 박탈감과 스트레스를 느끼는 경우가 많습니다. 의외의 사실은 상위권 학생의 어머니들도 마찬가지라는 겁니다. 예를 들어 전교 3등 어머니는 자녀 성적에 만족할까요? 다른 사람들이 생각하기에는 대치동 고등학교에서 전교 3등이면 매우 행복할 것 같지만, 정작 그 집 어머니의 생각은 다릅니다. 전교 1등을 하면 학교에서 서울대 의대 추천서를 받을 수 있는데, 전교 3등인 내 아이는 못 받을 것 같아 속상해하지요.

대치동 어머니들 중에는 명문대를 졸업하고 좋은 직장에 다니다가 아이를 지원하기 위해 과감하게 퇴직한 분이 많습니다. 의사나 약사 등 전문직인 분들은 일주일에 하루 이틀만 출근하며 아이 관리에 집중하기도 하고요. 제가 본 어머니 중에는 대학 병원 의사인데 자녀가 중학교에 입학하면서 그만둔 분도 있었습니다.

아무래도 이 일대에 뛰어난 아이들이 몰려 있는 만큼, 어머니들의 스트레스는 이루 말할 수 없습니다. 특히 학창 시절에 공부를 잘해 명문대를 졸업한 분일수록 자녀 성적이 기대에 못 미치면 엄청난 스트레스를 받습니다. '나는 저런 점수를 받아본 적이 없는데 왜 내 자식이 이런 성적을 받는 걸까?' 하며 속상해하지요. 잘하는 옆집 아이를 보면 속이 타고, 엄마로서 자신이 부족한 것인가 싶어 자괴감에 빠지기도 합니다.

이 밖에 겉으로 드러나지 않아서 그렇지, 초등 시기에는 서로 친하게 지내고 늘 만나는 사이였다가 중학교나 고등학교에 가면서 아예 만나지 않는 경우도 있습니다. 그 집 아이의 성적이 우리 아이를 앞지르는 순간, 관계에 균열이 생기는 것이지요.

엄마의 불안감, 성적에 결코 도움이 되지 않습니다

고등학생 자녀를 둔 어머니들 모임에 가면, 그 학교 전교 1등은 이번 모의고사에서 몇 점을 받았는지부터 시작해 온갖 이야기가 나옵니다. 문제는 어머니들끼리 정보만 교환하는 것이 아니라 스트레스도 함께 얻어 온다는 점입니다. 모임에서 다른 집 아이들이 공부하는 이야기를 들으니 불안해져, 이대로 있으면 안 될 것 같은 생각이 듭니다. 그래서 아이와 상의도 하지 않고 새로운 학원이나 과외를 알아본

후 듣게 하고요. J고등학교에서 전교 1등을 도맡았던 한 제자는 이렇게 말하기도 했습니다.

"옆에서 보면 엄마들이 불안해 못 견디는 거면서 저희를 위해 그러는 거라고 합리화하는 것 같아요."

그러고 보니 떠오르는 제자가 있습니다. 동혁이는 고등학교 첫 중간고사 국어 시험에서 어렵지 않았는데도 실수로 문제를 틀리면서 4등급을 받았습니다. 어머니는 아들의 시험 성적을 듣자마자 1회에 100만 원에 달하는 고액 과외를 알아 왔죠. 동혁이가 평소 국어를 어려워하긴 했지만 그렇게 비싼 과외를 할 정도로 실력이 부족하지는 않았습니다. 그럼에도 어머니는 막무가내였고 동혁이는 결국 과외를 시작하게 되었습니다. 그런데 수업을 몇 번 들어보니 다른 강의와 딱히 다른 점이 없었기에 혼자 공부할 수 있다고 여러 번 말했지만 어머니는 동혁이의 판단을 믿어주지 않았습니다.

가만 보면 아이들은 무엇이 맞고 틀린지 다 알고 있습니다. 부모님이 자신의 불안을 나에게 투영하는지, 아니면 지금 정말 나한테 필요한 것을 권하는지 말이죠. 부모님의 불안은 자녀의 성적 상승이나 발전에 전혀 도움이 되지 않습니다. 오히려 무리한 통제와 간섭으로 이어져 자녀와의 관계만 틀어지는 경우가 많습니다.

그런가 하면 G고등학교에서 상위권을 유지하는 은하네 집은 특이하게도 아버지가 학원 스케줄과 학원에서 오는 성적 문자를 매일 확인하는 분이었습니다. 대학교수인 은하 아버지는 아이가 의대에 진학하길 바랐고, 딸이 조금이라도 공부에 소홀한 것 같으면 가차 없이 야단을 쳤습니다. 밤늦게 공부를 마치고 집에 돌아오면 아버지가 기다리고 있다가 "너 오늘 영어 학원 시험 성적이 왜 이러니?"라며 잔소리를 하셨지요. 은하는 배우고 싶은 전공이 따로 있는데 아버지가 의대만 전부인 것처럼 몰아붙이는 것이 힘들었습니다.

"선생님, 저는 나중에 아빠 앞에서는 의대 원서를 쓸 거지만 접수는 하지 않고 제가 진짜 가고 싶은 대학에 원서를 낼 거예요. 이게 제 복수예요."

아직 스무 살도 안 된 아이가 하는 말을 듣고 깜짝 놀랄 수밖에 없었습니다.

부모님 입장에서는 아이가 조금만 더 하면 될 것 같은데 그 '조금'이 부족해 답답하기만 합니다. 그러니 좋은 소리가 나오지 않지요. 잘되라고 하는 말이지만 아이에게는 그저 잔소리로 들릴 뿐입니다. 그리고 잔소리가 들리는 순간부터 아이들에게는 반발 심리가 발동합니다.

"엄마가 잔소리를 한다고 3시간 공부하던 사람이 갑자기 6시간 공부하지는 않아요. 전 공부하라는 말을 듣고 일부러 PC방에 간 적도 있어요."

서울대 의대에 진학한 다른 학생이 한 말입니다. 의대에 갈 만큼 성적이 좋은 아이도 부모님의 잔소리를 들으면 더 하기 싫어집니다. 부모님의 불안은 잠시 감추고 느리더라도 아이를 믿어주는 것이 중요합니다. 성적표에 적힌 숫자에만 집중하지 말고 아이의 노력을 인정하고 격려해주세요. 부모님의 믿음과 인정은 아이가 스스로 동기를 가지고 더 나은 성과를 이루는 데 있어 생각보다 큰 역할을 합니다. 때로는 열 마디 잔소리 대신 소리 없는 믿음이 아이의 학습 의욕을 북돋을 수 있습니다.

아이들이 가장 듣고 싶지 않은 부모의 7가지 말

부모만큼 아이들도 서운합니다

저는 틈날 때마다 학생들에게 '부모님에게 정말 듣기 싫었던 말'이 무엇인지 물어봅니다. 그들의 생생한 이야기를 어머니들께 전해주고 싶은 마음도 있고, 저 역시 아이를 키우는 엄마로서 개인적인 궁금증도 있었습니다. 아이들이 꼽는 '부모님이 하지 말았으면 하는 말' 일곱 가지를 정리해보니 다음과 같았습니다.

첫째, "공부 안 하니?" (공부하고 있잖아요.)

둘째, "스마트폰 책상 옆에 놓지 말고 공부해."

(스마트폰 안 한다고요.)

셋째, "조금만 더 열심히 하면 확 오를 텐데 그러니."

(지금도 열심히 하고 있어요.)

넷째, "누구누구가 그렇게 공부 잘한다더라."

(저도 옆집 엄마랑 비교할까요?)

다섯째, "엄마, 아빠는 학원 안 다니고도 공부 잘했
어." (세대가 다르잖아요.)

여섯째, "이번 성적이 이게 뭐야?"

(시험 못 봐 속상한 건 저예요.)

일곱째, "동생 공부 좀 봐줘." (제 코가 석 자인데요.)

학년에 상관없이 "공부하란 말 좀 그만해주세요"라는 의
견이 가장 많이 나왔습니다. 6시간 공부하고 온 아이에게
2시간 더 공부하라고 하면 어떤 생각이 들까요? 서로 얼굴
붉히지 말고 그럴 때는 "6시간이나 공부했어? 아이고, 기특
하다!"라고 칭찬하면 서로 기분 좋지 않을까요?

스마트폰을 안 보려고 일부러 꺼두거나 책상 밖에 꺼

내놓고 공부하고 있는데 "너 스마트폰 보고 있지?"라는 말을 들으면 자기를 믿어주지 않는 것 같아 화가 난다고 합니다. 공부 잘하는 다른 친구와 비교하는 것도 싫어합니다. 적어도 자기 부모님에게만은 최고이고 싶은데 자꾸 비교하니 스스로가 '불량품'이 된 것 같은 느낌이 든다고 하더군요. 다른 아이와 비교해서 본인의 성적이 오를 거였으면 진작 올랐을 거라는 말도 나옵니다.

"좋은 환경에서 해달라는 거 다 해주고 학원이며 과외며 지원도 아끼지 않는데 도대체 왜 공부를 안 하니? 도대체 뭐가 문제야?"라는 말은 주로 학창 시절 성적이 좋았던 부모님들이 많이 하는 말입니다. 학원은커녕 지금 세대처럼 부모가 나서서 도와주지 않아도 공부만 잘했는데 너는 왜 그러냐는 뜻이겠죠. 그런데 부모님이 이런 말을 하면 아이들이 속으로 하는 생각은 단 하나, '그래서 어쩌라고요?'입니다. 부모님 세대와 지금 자녀 세대는 다르기에, 이런 말을 해봤자 아무 의미 없습니다.

한편 시험을 못 봤을 때 부모님이 보이는 반응에 대해 서운하다는 아이들도 많습니다.

"시험을 못 보면 엄마가 나를 혼낼 일이 아니고 나 자신한테 아쉬운 일이잖아요?"

부모님 눈에는 성에 안 차겠지만, 중위권이나 하위권 학생도 시험을 잘 못 보면 본인부터 아쉬워하고 자책합니다. 어쨌든 나도 속상한데, 엄마까지 왜 이것밖에 못했냐고 야단을 치면 답답하고 화가 납니다.

여학생들의 경우에는 엄마의 하소연이 부담된다는 응답도 많았습니다. 자신도 힘든데 동생 공부를 봐주라든가, 형제자매가 혹은 아빠가 어떻게 엄마를 속상하게 했는지 하소연하며 피곤한 몸으로 돌아온 딸이 공감해주길 바랄 때 힘들다는 겁니다. 자기 공부도 걱정인데 엄마의 고민이 귀에 들어올 리 없겠죠.

이 일곱 가지 말 중 자녀에게 몇 가지를 하고 계신가요? 물론 자녀가 조금 더 힘내주기를, 최선을 다해주기를 바라기에 이런 말을 하셨을 겁니다. 하지만 그런 목적에서라면 다른 방법도 있습니다.

"엄마 밥이 가장 좋았어요"

그렇다면 아이들이 엄마에게 바라는 것은 무엇일까요? 부모님께 가장 듣기 싫었던 말에 이어, 학창 시절 부모님이 해주신 것 중 공부에 가장 도움이 된 것이 무엇이었는지 최상위권 학생들을 만날 때마다 물었습니다. 그렇게 해서 나온 대답을 듣고 생각지도 못한 내용이라 깜짝 놀랐습니다. 많은 학생들이 "엄마가 차려준 따뜻한 밥"을 이야기했기 때문입니다.

소화기가 약해 차가운 음식이나 조금만 기름진 음식을 먹으면 금세 탈이 나는 남학생이 있었습니다. 이 학생은 신림동에서 대치동 학원가를 다녔는데, 어머니가 데려다주면서 차 안에서 저녁을 먹을 수 있도록 늘 따뜻한 도시락을 싸주셨습니다. 하루도 빠짐없이 도시락을 준비한다는 것은 전업주부라 해도 쉬운 일은 아니지요. 이 학생은 엄마가 발품 팔아 대치동 학원 정보를 알아다 준 것도 좋았지만, 가장 감사했던 것으로 늘 자신을 위해 따뜻한 밥을 준비해주신 것을 꼽았습니다.

또 다른 학생은 학교 급식이 입맛에 맞지 않아 엄마에게

도시락을 싸달라고 부탁했는데, 귀찮아하지 않고 매일 도시락을 싸주신 엄마가 고마웠다고 합니다. 친구들과 나눠 먹으라고 기숙사로 맛있는 음식을 가져다주셔서 감사하다는 아이도 있었습니다.

의외일 수도 있겠지만 아이들에게는 엄마의 밥이 그 어떤 것보다 큰 힘이 되는 것 같습니다. 아이들도 충분히 알고 있습니다. 엄마가 해주시는 정성스러운 밥에 사랑과 믿음이 담겨 있다는 것을 말이죠. 그것을 마음으로 느끼기 때문에 공부하라는 말을 하지 않아도 엄마의 사랑과 정성을 생각하며 스스로 공부에 집중할 수 있었던 것이 아닐까요?

성적이 떨어졌다고, 스마트폰만 들여다본다고 혼내봤자 아이 귀에는 잘 들어가지 않습니다. 차라리 아이가 좋아하는 음식을 정성스럽게 준비해주세요. 그게 백 마디 말보다 효과가 있을 겁니다. 엄마의 따뜻한 밥은 아이에게 단순한 식사가 아니라 사랑과 지지의 표현입니다. 이런 작은 정성이 아이의 학습 의욕을 북돋우는 원동력이 될 것입니다.

폭풍 같은 사춘기를
무사히 건너는 법

부모와의 관계가 좌우하는 공부 뒷심

대치동 어머니들 사이에서는 '초등학교 5학년이 되기 전에 선행 학습을 가능한 한 많이 해둬야 한다'라는 말이 있습니다. 이 시기쯤 본격적인 사춘기가 시작되면서 공부시키는 것이 어려워지기 때문이지요. 초등 시기에 애써 공부 습관을 잘 만들었는데, 사춘기란 복병이 나타나 모든 것을 송두리째 뒤집어놓습니다. 스마트폰을 손에서 놓지 않거나, 잘 다니던 학원을 갑자기 그만두겠다고 선언하기도 하고요. 눈

빚부터 '이상하게' 달라진 아이와 사사건건 부딪치다 보면, 정말 얘가 내 자식이 맞나 싶을 정도입니다.

너무나도 피하고 싶은 과정이지만 사춘기는 우리 아이가 잘 크고 있다는 증거입니다. 그러니 아이가 예전 같지 않아도 '쟤가 미쳤구나'가 아니라 '쟤가 정상이구나'라고 생각해야 합니다. 통과의례를 잘 겪고 있다는 뜻이니까요. 전교 1등을 밥 먹듯이 하는 아이를 보며 그 집 엄마는 너무 행복하겠다고 생각하겠지만, 이야기를 들어보면 그 아이도 똑같이 사춘기를 겪습니다. 다만 공부 욕심이 더 커서 공부를 손에서 놓지 않는 것뿐입니다.

다행인 것은 사춘기를 심하게 겪으며 중학교 때 공부를 조금 쉬었던 아이라 해도, 고등학교 진학이 가까워오면 '중2병'이 잠잠해집니다. 친구들이 공부하는 걸 보면서 입시가 점점 다가오고 있음을 직감하기 때문이지요.

초등 고학년~중학생 시기에 열심히 하지 않았다면 고등학교에 입학한 후 뒷심을 발휘해야 할 수밖에 없습니다. 이때 하고 싶은 것을 참고 공부 시간을 늘리는 힘은 부모님과의 관계에서 나옵니다. 사춘기가 왔을 때 사사건건 아이와 부딪치며 감정싸움이 격화되면 나중에 아이와의 관계를 되돌리기 어렵습니다. 그러니 어쩌겠습니까. 가끔 억울한 생각이 들어도 부모님이 참을 수밖에요. 어르고 달래며 최종 목적지를 향해 걸어가도록 하는 것이 사춘기에 부모가 할 수 있는 가장 쉬운 방법입니다.

10대, 덩치는 커도 아이는 아이입니다

혜정이는 본인은 물론 남동생도 서울대에 입학한 케이스입니다. 남매를 서울대에 보내는 것이 흔한 일은 아니라, 혜정이 어머니께 아이들을 어떻게 키웠는지 물어보고 싶었습니다. 그때 들은 이야기 중 가장 기억에 남는 것이 하나 있습니다.

"혜정이가 시험 때만 되면 굉장히 불안해했어요. 보통 아이들보다 압박을 느끼는 정도가 심해서 저도 내심 걱정했고요. 그런데 어느 날인가 혜정이가 말하길, 엄마가 옆에 있는 것만으로도 불안감이 사라지는 것 같으니 함께 있어주면 안 되냐고 하는 거예요."

"공부할 때 어머니한테 옆에 있어달라고 했다는 말씀인

가요?"

"네. 저도 처음에는 생각지도 못한 말이라 놀랐죠. 그런데 아이 마음이 가라앉을 수 있다면 제가 옆에 있어주는 것쯤이야 뭐가 어렵겠어요? 그때부터 시험 기간이 되면 밤늦게까지 혜정이가 공부하는 방에 같이 있었어요. 이어폰을 몰래 끼고 드라마를 볼지언정 아이가 원하면 새벽 4시까지 있었습니다."

혜정이네 이야기를 들으며 '엄마와 딸이 참 사이가 좋았구나'라는 생각이 들었습니다. 혜정이가 엄마와 감정적으로 부딪치며 관계가 좋지 않았다면 엄마에게 그런 부탁은 하지 않았을 테니 말입니다. 부모님과의 좋은 관계가 학생의 정서적 안정에 얼마나 큰 도움이 되는지 새삼 깨달을 수 있었습니다.

열댓 살이 넘어 다 큰 것같이 보여도 아이들은 아이들입니다. 언젠가 제 수업에서 18점을 받고 나머지 공부와 재시험을 위해 남은 남학생이 있었습니다. 스마트폰을 보고 있길래 집어넣으라고 했더니 엄마한테 온 문자메시지를 확인한 거라며 제게 스마트폰을 보여줬습니다. 거의 꼴등을 한 아들에게 엄마가 보낸 문자에는 '우리 아들, 오늘 시험이 어려웠구나? 그래도 끝까지 힘내고 파이팅!'이라고 적혀 있었지요.

어머니의 문자 내용도 놀라웠지만 아이의 반응도 놀라웠습니다. 덩치 큰 녀석이 눈이 촉촉해져서 말합니다.

"선생님, 저 오늘 진짜 공부 열심히 할 거예요!"

"갑자기 왜?"

"엄마한테 미안해서요."

그러더니 끝날 때까지 딴짓 한번 안 하고 집중력을 발휘했습니다.

이 학생의 어머니가 부처님도 아닌데 18점 받은 아들에게 '파이팅'이라는 말이 선뜻 나왔을까요? 그럼에도 아이를 격려한 그 마음가짐이 대단하다고 생각했습니다. 앞으로 이 학생은 엇나갈 일은 없겠다는 예감도 들었고요. 이 시기 아이들이 부모한테 대들고 상전처럼 굴어도, 실은 부모에게 미안한 마음을 가지고 있습니다. 그러니 너무 몰아붙이지 마세요.

부모님과 사이가 좋은 아이들은 일탈이나 반항을 해도 머지않아 자신의 자리로 돌아옵니다. 이솝 우화에서 나그네의 옷을 벗긴 것은 쌩쌩 부는 바람이 아니라 따뜻한 햇빛이었지요. 사춘기 아이와의 관계에서 가장 큰 힘을 발휘하는 것은 부모의 인내입니다. 반항과 갈등 속에서도 엄마, 아빠의 사랑을 느낄 수 있도록 표현해주세요.

부모의 기다림이 아이를
자라게 합니다

끝내 잘 되는 아이 뒤에는
믿어주는 부모가 있다

서울대에 진학한 제자 기영이에게 어느 날 제가 이렇게 물어봤습니다.

"네가 서울대에 합격하기까지 무엇이 가장 큰 도움이 된 것 같아?"

아이가 망설임 없이 대답합니다.

"부모님이 언제나 저를 믿어주신 거요. 공부하는 내내 그

점이 가장 좋았어요."

그러면서 평생 부모님께 잘해드려도 엄마에게 받은 사랑을 다 돌려드리기 어려울 것 같다는 예쁜 말을 합니다.

사실 기영이는 초등학교 때부터 영재고를 목표로 달려온 아이입니다. 그러나 과학 올림피아드를 준비하면서 스트레스를 많이 받았고, 자신이 과학을 생각만큼 좋아하지 않는다는 사실을 깨달았지요. 그래서 영재고 대신 자사고를 준비하기로 마음을 바꿨습니다. 내신 성적도 잘 챙기고 자기소개서도 열심히 썼는데, 아쉽게도 자사고 입학시험에서 떨어지고 말았습니다.

일반고에 가게 되리라고는 생각조차 하지 못했던 기영이는 인생에서 처음 실패를 겪고 크게 낙담했습니다. 영재고나 특목고 입시에서 떨어진 아이들이 목표를 잃고 방황하는 경우가 많은데, 기영이도 그럴 수 있는 상황이었지요. 그런데 기영이 부모님께서는 전혀 아쉬워하거나 아이 앞에서 속상해하지 않았습니다. 기영이가 어떤 학교를 가든 잘해낼 거라 믿어주었고, 아이가 시험을 생각보다 못 봤다고 속상해하면 "그런 날도 있는 거야"라며 위로해주었습니다. 혼내봤자 성적이 오르는 것도 아니니 맛있는 것을 먹고 기분 풀고 다음 시험을 잘 보라는 마음이었습니다. 부모님의 의연한 태도 덕분에 기영이는 마음을 다잡고 공부에 집중할 수 있었습니다.

부모가 아이를 끌어줄 수 있는 것은 초등학교까지입니다. 아무리 좋다는 학원을 알아봐주고 매니저처럼 세세한 것 하나하나 관리한다 해도, 초등 이후부터는 아이가 스스로 움직여야 합니다. 그러니 아이가 실패도 해보고 조금씩 성장해나가는 동안, 부모님에게는 기다림의 시간이 필요합니다. 이와 함께 우리 아이가 언젠가는 잘되리라는 믿음을 잃지 말아야 합니다. 별것 아닌 것 같아도 '우리 부모님이 나를 믿고 있다'는 그 마음이 아이에게는 공부의 원동력이 됩니다.

똑같은 32점에 두 엄마가 보인 반응

"기영이 같은 아이는 원래부터 공부도 잘했고 될성부른 떡잎이니 부모님이 믿어줄 수 있는 것 아닌가요? 우리 애는 기영이 반만큼도 공부를 안 하는걸요."

이렇게 말씀하시는 분이 있을까 봐 이야기를 하나 더 들려드리려고 합니다. 한번은 제 수업이 끝나고 치른 시험에서 32점을 받은 남학생 2명이 있었습니다. 두 아이는 나란히 앉아 재시험을 보게 되었죠. 어머니들께는 그날 자녀가 받은 성적과 재시험으로 늦게 귀가한다는 내용의 문자메시지를 보냈습니다. 잠시 후 두 학생의 어머니에게서 거의 동시에 답장이 왔는데, 반응이 완전히 달랐습니다. 한 어머니는 '우리 아들, 오늘은 그랬어도 앞으로 더 잘해보자. 파이팅!'이라고 쓴 반면, 다른 어머니는 '너 이따위로 할 거야? 이따 집에서 보자'라고 보냈더군요.

두 남학생의 반응 역시 정반대였습니다. 응원 문자를 받은 학생은 빨리 끝내고 집에 가야겠다며 집중해서 공부하기 시작했습니다. 반면 문자로 크게 혼난 학생은 비속어를 쓰며 짜증 난다고 투덜거리고요. 둘 중 어느 아이의 성적이 올랐을까요?

저는 매 수업이 끝나면 부모님들께 그날 본 단어 시험, 독해, 문법 등 항목별 점수를 알려드리고 상위 10퍼센트에 해당하는 평균 점수를 공지합니다. 이때 자녀가 낮은 점수를 받으면 화를 주체하지 못하고 수업 중인 아이에게 문자메시지 폭탄을 보내는 분이 제법 있습니다. '그렇게 하려면 다 때려치워!'라는 문자메시지는 양호한 수준입니다. 간혹 아이에게 보낼 문자메시지를 조교 번호로 잘못 보내는 부모님들이 있는데, 욕설이나 육두문자를 보내는 분들도 있습니다. 부모 입장에서 오죽 답답하고 속상하면 저러실까 하는 생각도 들지만, 부모님께 이런 메시지를 받고 주눅 든 학생의 표정을 눈앞에서 보면 그저 안타까울 따름입니다.

아이에게 충격요법을 주겠다는 의도로 "그걸 성적이라고 받아 왔어?", "그래서 대학 가겠니?", "차라리 학교고 학원이고 다 그만둬"라는 식으로 나무라는 부모님들이 적지 않습니다. 문제는 이렇게 비난한다고 해서 아이에게 공부할 마음이 생기는 것이 결코 아니라는 것입니다. 부정적 피드백을 받을수록 엄마가 시키니까 했지, 내가 하고 싶어서 하는 건 아니라고 대들기 쉽습니다. 원래 하고 싶던 일도 강요받으면 하기 싫어지는 법인데, 안 그래도 힘든 상황에서 자꾸 야단치면 더 하기 싫어집니다. 혼날까 봐 억지로 하는 공부는 성과를 보인다 해도 한계가 있습니다.

'칭찬은 고래도 춤추게 한다'는 말이 괜히 나온 것이 아닙니다. 제가 학생들과 상담할 때 실천하려고 애쓰는 두 가지가 있습니다. 하나는 사소한 것이라도 칭찬하는 것이고, 다른 하나는 부정적인 말을 하지 않는 겁니다. 예를 들어 단어 시험을 못 본 학생에게는 왜 단어를 안 외웠냐고 나무라기 전에 "수학 공부 열심히 하느라 단어 외우는 시간이 모자랐구나? 다음에는 영어 단어 외우는 시간도 내보자!"라고 말합니다. 그러면 이 학생은 다음번에는 반드시 영어 숙제를 해 옵니다. "어쩌면 이렇게 수업 내용을 예쁘게 필기했어?"라는 칭찬을 받으면 다음 수업 때는 제 말을 토씨 하나도 빼놓지 않겠다는 눈빛으로 받아 적습니다. 선생님의 사소한 칭찬에도 이렇게 신이 나는데 부모님의 칭찬이면 오죽할까요.

아이들은 누구보다도 부모님의 칭찬을 받고 싶어 하며 그 칭찬에서 힘을 얻습니다. 부모님의 칭찬이야말로 자녀의 자존감을 높이면서 스스로 더 잘하고 싶게 만들지요. 반대로 부정적인 피드백은 아이의 자존감을 낮추고 공부에 대한 흥미를 잃게 만듭니다.

10대 아이들에게 공부는 단순히 성적을 올리는 행위가 아니라, 오랜 시간에 걸쳐 성장하고 스스로 성취감을 느끼는 과정입니다. 이 과정에서 부모님의 역할은 아이를 지지

하고 응원하는 것이고요. 부모님이 먼저 긍정적인 말과 칭찬을 건네면 아이는 기대에 부응하기 위해 더 열심히 노력할 겁니다. 잘하지 못했을 때도 "괜찮아, 다음에 더 잘할 수 있어"라고 말해주는 부모님의 따뜻한 말 한마디가 아이에게 최고의 에너지가 됩니다.

성적보다 더 오래 남는 부모의 말 한마디

제가 부모님들께 '말'을 강조하는 이유가 있습니다. 간혹 입시 관련 상담을 하다 보면 잘못된 믿음을 지닌 부모님들을 볼 수 있습니다. 자녀가 명문대에 가기만 하면 입시 준비 과정에 있었던 자녀와의 갈등이나 감정적 문제가 한번에 해소된다고 생각하는 겁니다. 몇 년 전 큰 인기를 얻었던 〈SKY 캐슬〉이라는 드라마가 있습니다. 여기에는 한 학생이 부모가 그토록 원하는 서울대 의대에 합격한 다음, 입학은 하지 않고 자기가 원하는 대로 사는 것으로 부모에게 복수한다는 내용이 있습니다.

드라마이기에 극적으로 표현된 면이 있지만 터무니없는

일은 아닙니다. 명문대 의대에 진학했지만 입시 기간에 부모와 관계가 틀어져서 그대로 독립해 남남처럼 지내는 경우도 있습니다. 집에서 벗어나고 싶어 일부러 4년간 기숙사 생활을 하는 경찰대나 집에서 먼 지방 의대에 지원하겠다는 학생도 있었고요. 마음 아픈 이야기입니다.

<u>감수성이 한창 예민한 중고등학교 시기에 아이들에게 스트레스를 주는 대상은 성적 그 자체가 아닙니다. '성적 때문에 엄마와 갈등을 겪는 것'에 더 큰 스트레스를 받습니다.</u> 시험 점수가 예상보다 낮으면 집에 가서 엄마에게 혼날까 봐 독서실에 있다고 거짓말하고는 한강공원을 방황하는 아이들이 적지 않습니다. 편의점에서 카드로 결제하면 엄마에게 문자메시지가 간다는 이유로 저녁도 굶은 채로 말이지요.

어떤가요? 아이가 피하고 싶고 거리 두고 싶은 존재가 되길 원하시나요? 인생에서 공부해야 할 시기는 따로 있으며 아이를 야단치는 것도, 정신 차리게 하는 것도 당연히 필요합니다. 하지만 감정의 골을 깊게 만드는 방향으로 가서는 결코 안 됩니다. 자녀 머릿속에 어린 시절에 받은 점수보다 더 오래 남는 것은 부모에게 들은 말 한마디입니다.

자녀가 오로지 명문대에 입학하는 것만 바라는 부모님

은 없을 겁니다. 모든 부모는 자녀가 한 명의 단단한 인간으로 성장해 삶을 행복하게 꾸려가는 것을 바랍니다. 이를 위해 반드시 필요한 것이 부모님의 따뜻한 말 한마디입니다. 아낌없는 칭찬과 격려가 아이에게 평생의 자산으로 남아 앞으로 살아갈 모든 날에 가장 큰 힘이 되어준다는 사실을 반드시 기억하시길 바랍니다.

가족이 함께 성장하는
행복한 학창 시절이 될 수 있기를

우리는 어떤 방식으로든 연결되어 알게 모르게 서로에게 영향을 주고받습니다. 누군가의 어제는 우리의 오늘에 영향을 미치고, 우리의 오늘은 또 다른 이의 내일에 영향을 미치지요. 이 책을 쓰는 동안 '지난 22년간 만난 수많은 학생들에게 나는 어떤 영향을 주었나' 생각하며 저를 돌아보게 되었습니다.

오랜 시간 입시 현장에 있으면서 함께 공부했던 아이들이 생각납니다. 너무나 훌륭한 공부 습관과 태도를 지닌 학생부터 억지로 공부하느라 부모님과 매일같이 전쟁을 치르는 학생까지, 그야말로 각양각색이었지요. 각자 다른 생김새만큼이나 뚜렷한 개성과 기질, 그리고 10대 특유의 활기와 반짝임을 지닌 이 예쁜 아이들이 성적 때문에 울고 웃는 것을 볼 때마다 '어떻게 하면 학생들에게 조금이라도 도움을 줄 수 있을까' 고민했습니다. 그렇게 세상에 나온 이 책이 누구나 한번은 거쳐야 하는 입시의 길을 즐겁게 완주하는 데 도움이 되길 바랄 뿐입니다.

아울러 치열한 경쟁 속에서 학생들 못지않게 고생하는 부모님들께도 부족하나마 용기와 희망을 드리고 싶었습니다. 다시 한번 강조하지만 빨리 시작하는 것보다 '적절한 시기'에 '제대로' 접근하는 것이 공부의 본질입니다. 그러니 너무 불안해하지도, 아이를 몰아붙이지도 마시길 바랍니다. 소중한 아이의 유년 시절에 가족이 함께 배우고 성장한다는 데 의미를 두고 행복한 추억으로 채우시면 좋겠습니다.

끝으로 책이 나오기까지 많은 분들의 도움을 받았습니다. 늘 응원해주는 가족, 서울대 의대생이자 사랑하는 제자 문지운, 작가인지 카이스트대 학생인지 헷갈릴 정도로 많은 부분에서 집필을 도와준 고마운 제자 한지민, 항상 아낌없이 조언해주시는 유승우 IN어학원 원장님께 감사의 마음을 전합니다. 대치동 학원가에서 가장 신뢰하는 명경아 다원학원 원장님과 임균식 다원학원 대표님, 박은재 대찬학원 원장님, 오우석 시대인재 원장님을 비롯해 여러 실장님은 너무나도 소중한 분들입니다. 아울러 글로리아연구팀의 믿음직한 조교들에게도 늘 표현하지 못했던 고마움을 전하고 싶습니다. 마지막으로 부족한 사람의 강의를 사랑해주시는 학생과 학부모님께 고개 숙여 감사의 인사를 드립니다.

대치동 아이들은 이렇게 공부합니다

초판 1쇄 발행 2024년 9월 5일
초판 3쇄 발행 2024년 9월 20일

지은이 글로리아쌤

발행인 이봉주 **단행본사업본부장** 신동해
편집장 김예원 **책임편집** 김보람
진행 권은경 **교정교열** 고영숙
디자인 김은정
마케팅 최혜진 백미숙 **홍보** 허지호
제작 정석훈

브랜드 웅진지식하우스 **주소** 경기도 파주시 회동길 20
문의전화 031-956-7352(편집) 031-956-7129(마케팅)
홈페이지 www.wjbooks.co.kr
인스타그램 www.instagram.com/woongjin_readers
페이스북 www.facebook.com/woongjinreaders
블로그 blog.naver.com/wj_booking

발행처 ㈜웅진씽크빅
출판신고 1980년 3월 29일 제406-2007-000046호

ⓒ 글로리아쌤, 2024
ISBN 978-89-01-28719-5 (03370)